한눈에 들어오는

남북 어휘 의미 · 용법

한눈에 들어오는

남북 어휘 의미·용법

겨레말큰사전 남북공동편찬사업회

맵씨터

한눈에 들어오는

남북 어휘 의미 · 용법

1판1쇄 발행 2019년 4월 1일

지 은 이 겨레말큰사전 남북공동편찬사업회 집필부
펴 낸 이 김 정 희
펴 낸 곳 맵씨터
등 록 제 2002-000026호
주 소 서울특별시 성동구 광나루로 130 서울숲 IT캐슬 1310호
전 화 02-464-7708
팩 스 02-499-0846
이 메 일 hkm7708@hanmail.net
홈페이지 www.hankookmunhwasa.co.kr

ISBN 979-11-85923-23-9 13710

* 이 책의 내용은 스마트폰 앱(안드로이드용) ‘남녘말 북녘말’에서도 볼 수 있습니다.

이 도서의 국립중앙도서관 출판예정도서목록(CIP)은 서지정보유통지원시스템 홈페이지(http:// seoji.nl. go.kr)와 국가자료공동목록시스템(http://www.nl.go.kr/kolisnet)에서 이용하실 수 있습니다.(CIP제어번호: CIP2019007748)

머·리·말

지난해 4월 판문점선언과 9월 평양공동선언을 지켜보면서 우리는 남과 북이 냉전 관계를 종식하고 화해와 협력의 장으로 들어섰음을 체감했습니다. 남북 관계에 훈풍이 불면서 곳곳에서 남북 언어의 이질화를 극복하고자 하는 움직임도 분주해지고 있습니다. 과학 용어, 철도 용어, 금융 용어와 같은 전문 영역에서의 남북 언어 비교집에서부터, 시범적으로 집필된 남북통일 초등 교재에 이르기까지 근래 잇따라 출간되는 남북 언어에 관련한 책들을 보면서 반가운 마음이 앞섭니다.

'겨레말큰사전 남북공동편찬사업회'에서는 여기에 '남북 생활용어', '남북 어휘 의미·용법', '남북 어휘 표기 차이'라는 주제로 세 권의 책을 더하게 되었습니다. 이 책은 그 가운데 하나로, 남북이 같이 쓰는 어휘 중 의미·용법 면에서 차이가 있는 것들을 선별하여 해설한 것입니다. 여기에는《겨레말큰사전》편찬 과정에서 구축한 말뭉치를 활용해 남북의 예문을 보이고, 독자들의 이해를 돕기 위해 북측 언어생활 관련 삽화를 다수 수록하였습니다. 또한, 문화어를 모어로 하는 화자들로부터 내용을 검증받고, 예문을 제보 받아 신뢰도와 정확성을 높이고자 노력하였습니다.

한 가지 아쉬운 것은, 남북의 사전 편찬원들이 한자리에 모여 위의 책자들에 대해 토론하는 기회를 갖지 못했다는 점입니다. 남북 언어를 다룬 책인 만큼 양쪽의 편찬원들이 함께 둘러앉아 하나하나 짚는 과정을 거쳐야만 세밀한 부분까지 확인할 수 있을 것입니다. 조속히 북측 편찬원들을 만날 기회를 마련하여 책자에 대한 검증을 의뢰할 것입니다.

아울러 앞으로 이 책이 남과 북에서 널리 활용되어 남북 언중이 서로의 언어 생활을 이해하는 데 기여하기를 희망합니다.

2019. 4.

겨레말큰사전공동편찬위원회 남측편찬위원장 **홍 종 선**

일·러·두·기

이 책은 남과 북의 언중이 서로의 언어를 이해하는 데 도움을 주고자 기획하였다. 남과 북은 분단 이후 이념과 체제, 제도 등의 차이로 인하여 어휘 면에서 많은 차이가 발생하였다. 이를테면 "내가 좀 도와줄까?" "일없어, 나 혼자서도 충분해." 이 대화에서 남쪽 화자와 북쪽 화자의 느낌은 사뭇 다르다. 남쪽 화자는 호의가 무시당했다는 생각에 언짢은 마음이, 북쪽 화자는 호의를 베풀지 못해 아쉬운 마음이 든다. 이런 까닭은 일상 대화에서 '일없다'를 남쪽에서는 '필요 없다'는 의미로, 북쪽은 '괜찮다'는 정도의 의미로 주로 사용하기 때문이다.

이처럼 동일한 말에 대하여 남북이 다른 의미와 용법으로 사용하는 것이 제법 있다. 이를테면 '늙은이', '소행(所行), 방조(幫助)' 등이 그런 말이다. 남쪽에서 '늙은이'는 비하의 의미로, '소행, 방조'는 부정적인 의미로 쓰인다. 그래서 남쪽에서는 젊은이가 나이 든 사람에게 '늙은이'라는 말을 거리낌 없이 쓰면 '소행'이 괘씸한 사람이 된다. '어르신'까지는 아니더라도 '할아버지', '할머니' 정도는 써야 버릇없다는 소리를 듣지 않는다. 그리고 그런 젊은이를 훈계하지 않고 '방조'한 사람도 '소행'이 괘씸한 사람이 된다. 하지만 북쪽에서는 남쪽과 달리 '늙은이'에 비하의 의미가 없다. '소행'과 '방조'에는 부정적 의미가 없다. 그래서 북쪽에서는 젊은이가 '늙은이'의 일을 거들어 주면 '아름다운 소행'을 한 것이다. 이 젊은이의 행위를 '방조'한 사람도 '아름다운 소행'을 한 것이 된다. 남북의 사람들이 서로 이들 말의 의미와 용법을 알지 못한다면 자칫 뜻하지 않은 오해를 낳아 볼썽사나운 모습을 보일 수도 있을 것이다.

이 책에는《겨레말큰사전》편찬 과정에서 확인된, 남측과 북측에서 공통으로 사용하고 있으나 그 의미나 용법에서 차이를 보이는 어휘를 주로 실었다. 먼저 표제어를 제시하고 이에 해당하는 풀이를 남측의《표준국어대사전》(웹사전)과 북측의《조선말대사전》(증보판)에서 가져와 보였다. 그리고 독자의 이해를 돕기 위하여 해당 표제어의 의미나 용법상의 차이를 기술하고,《겨레말큰사전》편찬 과정에서 구축한 뭉치와 삽화 자료를 이용하여 남북의 예문과 삽화를 풍부하게 보였다. 또한 설명에 대한 이해를 도울 수 있는 관련 어휘의 풀이와 이에 대한 예문을 '참고'에서 보였다.

1. 표제어

① 표제어의 배열은, 남측에서 출판된다는 점을 고려하여 남측 사전의 배열 순을 따랐다.

② 표제어의 정보는 '표제어(원어) [품사]'의 순으로 제시하였다.

예) 가불(假拂) [명사]

③ 남과 북의 맞춤법 차이로 표기가 다를 경우에는, 남의 표기를 제시하고 북의 표기는 별표(*)를 달아 각주 처리하였다.

④ 하나의 말이 자동사와 타동사로 나뉠 경우에는 자동사를 먼저 보였다.

2. 뜻풀이

① 원고에서, 남측의《표준국어대사전》은《표대》로, 북측의《조선말대사전》은《조대》로 줄여서 표기하였다.

② 의미·용법 면에서의 차이를 표대 와 조대 의 뜻풀이에서 보일 수 있는 경우에는 ❶, ❷, 1, 2와 같은 기호로 표시하였다.

③ 한 올림말에 대하여 품사에 대한 판단이 서로 다를 경우에는 표제어 옆에

바로 품사를 보이지 않고, 표대 와 조대 의 풀이에서 각각의 품사를 보였다.

예) 도발적(挑發的)

표대 「관형사·명사」

① 남을 집적거려 일이 일어나게 하는. 또는 그런 것.

❷ 색정(色情)을 자극하는. 또는 그런 것.

조대 「명사」

① 도발하거나 또는 도발하는것과 같은(것).

② 몹시 엇서서 대드는(것).

④ 《표대》와 《조대》의 뜻풀이를 차례로 보였으며, 《조대》 풀이는 북의 실제 언어생활을 드러내기 위하여 남측의 어문 규정에 따라 수정하지 않고 원문 그대로 실었다.

⑤ 뜻갈래가 많은 올림말의 경우, 설명과 직접 관련이 없는 뜻풀이는 일부 생략하였다.

⑥ 등호(=)를 써 동의어 처리되어 있는 경우에는 줄바꿈을 하여 해당 단어의 뜻풀이를 제시하였다.

예) 거리 [명사]

표대 ① =길거리.

* 길거리 : 사람이나 차가 많이 다니는 길.

⑦ 뜻풀이 제시에서는 《표대》, 《조대》에서 사용한 부호를 차용하였다. '→', '⇒'가 이에 해당한다.

1) '→'는 비규범어를 규범어로 돌리는 경우에 쓴다.

2) '⇒'는 한자말이나 외래어를 고유어에 보내주거나 다듬은 말 관계를 보여

주는 경우에 쓴다.

3. 예문

① 이 책에는《겨레말큰사전》 편찬 과정에서 구축한 말뭉치를 활용하여 남측과 북측의 최신 예문을 실었다. 남북의 인용례를 찾기 어려운 경우에는《표대》와《조대》에서 예문을 가져왔으며 각각《표대》,《조대》로 표시하였다.

② 남측 작품은 '남' 북측 작품은 '북'이라 표시하고 제시하였다. 또한, 이 책의 내용은 문화어를 모어로 사용하는 화자들에게서 검토를 받았는데, 이때 제보를 통하여 수집한 예문을 '제보 작성례'로 분류하고 '제보'라고 표시하였다.

③ 남과 북의 예문은 양측의 표기 규범에 따름을 원칙으로 하되 인용례는 원문 그대로 실었다.

④ 인용례는 남북 어휘의 의미·용법적 차이를 드러내는 데 초점을 맞추었다. 따라서 표제어뿐 아니라 표제어와 자주 결합하는 연어 구성들도 함께 보였다. 이들 간 순서는 예문 첫 글자의 자모순을 따랐으며, '표제어'에 가까운 것부터 '표제어, 표제어 관련 연어, 참고 인용례'의 순으로 제시하였다.

⑤ 인용례에서 표제어, 표제어에 따른 연어 구성은 굵은 글씨로 처리하여 명시성을 높였다.

⑥ 출전은 '작가명 : 작품명'으로 나타냈으며, 단행본은 '《 》'로, 잡지는 '〈 〉'로 묶었다. 인용례 가운데 작가를 알 수 없는 경우에는 출전만을 보였다.

⑦ 예문은 필요에 따라 남북 모두 제시하거나 남이나 북 한쪽 것만을 보였다. 남북 모두에 존재하는 뜻갈래이나 어감에서 차이를 보이면 양쪽의 것을 다 보였지만, 한쪽에만 뜻갈래가 존재하는 경우 한쪽의 용례만을 제시하였다. 이때 개수의 제한을 두지 않고 적절한 용례를 풍부하게 제시하였다.

⑧ 인용례에서 두음법칙, 사이시옷, 기타 표기 차이, 북측에만 존재하는 어휘 등이 출현할 경우 각주로 도움말을 제시하였다. 두음법칙, 사이시옷, 기타 표기 차이와 같이 남측의 대응 정보 제시가 가능할 경우 대응 정보를 주고,

남측에 존재하지 않는 개념일 경우에는《조대》풀이를 보였다.

* 남측에서는 '가겟방', 북측에서는 '가게방'이라고 한다.

** 남측에서는 '인금', 북측에서는 '인끔'이라고 한다.

*** 짜고들다 : (어떤 일을 해내기 위하여) 단단히 잡도리를 하거나 미리 빈틈없는 계획을 세우고 달라붙다.《조대》

⑨ 용례에 출현하는 고유명사는 ○○로 처리하였다.

⑩ 복수의 구나 어휘를 예로 보일 때에는 중간에 '//' 부호를 두어 구분하였다.

/ 차 / 례 /

가락지 [명사]

표대 ① 주로 여자가 장식으로 손가락에 끼는 두 짝의 고리.

② 기둥머리나 막대기 따위의 둘레를 둘러 감은 쇠테.

…

조대 ① 손가락에 끼는 치레감의 하나. 두짝의 고리모양으로 되어 있는것이 보통이다.

❷ 바느질을 할 때 골무대신으로 쓸 수 있게 손가락의 첫째 마디에 끼는 물건.

③ 막대기, 관 및 그밖의 물건을 고정시키기 위하여 그 둘레에 끼우는 고리나 테.

④ 허리에 차기 위하여 칼 같은것에 달아놓은 고리.

❺ (뽐프나 수도꼭지 같은것의) 원통 안에 틈이 나지 않게 끼우는 고리모양의 고무.

❻ 녀성들이 임신을 피하기 위하여 쓰는 고리모양의 기구.

❼《해나 달, 구름두리에 둘러진 테》를 비겨 이르는 말.

'가락지'는 "손가락에 끼는 고리 모양의 장신구" 또는 "기둥이나 관 둘레를 감는 쇠테"를 이르는 말로 남북에서 모두 쓰인다. "허리에 차기 위하여 칼 같은 것에 달아 놓은 고리"라는 뜻은 북의 사전에만 있지만, 남에서도 조선 환도에서 이에 해당하는 부분을 '가락지'로 일컫는다. 북에서는 '가락지'를 골무 대신 쓰는 물건, 관을 연결할 때 기체의 누설을 막으려고 쓰는 고리 모양의 고무(남에서는 '패킹(packing)'이라 함) 등을 가리키거나 해, 달, 구름 등의 테두리에 둘러진 테를 비유적으로 이를 때도 쓴다. 또한 북의 말뭉치를 보면 수류탄의 '안전 고리'를 가리키는 말로도 사용하는 것을 볼 수 있다.

자궁 내 피임 장치의 한 종류로 남에서는 '루프(roof)'라고 이르는 기구를 북에서는 '고리' 또는 '환'이라고 한다. 남에서는 주로 T자형 루프를 쓰지만 북에서는 O자형 기구를 사용하기 때문으로 보인다.

예문

북 · 노을빛이 뭉게뭉게 흩어지는 검은 구름에 **가락지**를 둘렀다. 〈충성의 한길에서〉

· 수류탄 **가락지**를 입으로 뽑는 찰나, 우측땅크* 의 무한궤도에서 불길이 번쩍 했다. 〈리장후 : 승리의 노래〉

---

* 남측에서는 '탱크', 북측에서는 '땅크'라고 한다.

가름 [명사]

표대 ① 쪼개거나 나누어 따로따로 되게 하는 일.
② 승부나 등수 따위를 정하는 일.
…

조대 ① 무엇을 가르는 일.
② 갈라지는 자리나 곳.
③ = 가리마.
* 가리마 : 머리칼을 량쪽으로 갈라붙일 때 생기는 골. 남에서는 '가르마'라고 한다.

'가름'은 동사 '가르-'에 접미사 '-ㅁ'이 결합해서 된 말로 남북에서 모두 "사물을 쪼개거나 나누어 각각 구별되게 하는 것"을 뜻한다. 여기에서 그 대상이 추상적인 영역으로도 확장되어, "옳고 그름이나 승패 등을 가리는 일"을 가리킬 때에도 '가름'이라고 한다.

한편 북에서는 '가름'을 '가리마'와 동의어로 쓴다. 북의 말뭉치에서 "**가름**을 낸 한쪽 머리가 이마를 내리덮고 얼굴이 대리석처럼 창백한 야스기는…"《영원한 미소》와 같은 용례가 검색되는데, 남에서는 이런 용법을 찾기 어렵다.

예문

북 · 수복머리는 전반머리칼길이를 3~5cm 정도로 하고 왼쪽 이마에 **가름**을 낸 다음 앞머리칼흐름을 옆으로 빗어주는 형태이다. 〈시대적 미감에 맞는 남자들의 머리형태〉

가무리다 [동사]

표대 ① 몰래 혼자 차지하거나 흔적도 없이 먹어 버리다.

② 남이 보지 못하게 숨기다.

…

조대 ① 가뭇없이 먹어버리거나 후무리거나 또는 없애치우다.

❷ (말하던것을 그치고) 입을 다물다.

③ 남이 보지 못하게 숨기다.

❹ (말이나 일의) 끝을 마무리거나 맺다.

"남의 물건을 슬그머니 훔쳐 가지다" 또는 "남이 보지 못하게 숨기다"라는 뜻으로 남북에서 모두 쓰인다. 북에서는 "말을 그치고 입을 다물다"나 "말이나 일을 끝맺거나 마무리하다"라는 뜻으로도 쓰인다.

예문

북 · 그는 말끝을 **가무리지** 못하면서 난감한 인상을 지었다. 《조인영 : 생명》

· 리옥녀는 무슨 말인가 더 하고싶어하는 표정을 그리다가 입을 **가무려버렸다**. 《김연경 : 충성의 길》

· 말꼭지만 떼놓고 **가무리니** 이거야 감질이 나서 어디 견디겠소. 〈김형지 : 명의〉

· 벌쭘게 웃으며 히히덕거리던 그들은 차츰 처량하고도 아름다운 막세의 가야금소리에 웃음을 **가무리고** 다시 게슴츠레한 눈길을 모았다. 〈김정민 : 망이〉

가불 (假拂) [명사]

표대 ① 과목(科目)이나 금액이 확정되지 않았을 때에, 뒤에 명세를 밝히기로 하고 임시로 지불함.

❷ 봉급을 정한 날짜 전에 지불함.

조대 지불할 액수를 정하지 않은채 그중의 일정한 액수를 미리 지불하는것.

"지불할 액수가 확정되지 않은 상태에서 일정한 금액을 미리 지불함"이라는 뜻으로 남북에서 모두 쓰인다. 남에서는 "병원에 입원했을 때 내가 회사에다 **가불** 신청을 했던 적이 있어요."《최인석 : 인형 만들기》와 같이 "노임이나 봉급을 받기로 정한 날짜보다 일찍 지불함"이라는 의미로도 쓰인다.

예문

남 · 아파트로 옮긴 데다 셋째 딸이 장 중첩 수술을 했대. **가불**이 많아 또 **가불**을 할 수도 없다나.《김원일 : 도요새에 관한 명상》

· 오늘 아침에 회사에 **가불**을 좀 해 달랬더니 돌아온 건 해고야. 실적이 부진한 내가 더 이상 쓸모가 없어진 거지.《조정래 : 한강》

· 정씨는 곧 황 사장한테 밥장사를 할 뜻을 밝히고, 거기 소용되는 기물을 사기 위해 한 달 치 월급을 **가불**해 왔다.《박완서 : 창밖은 봄》

북 · 열책이 넘는 회계장부와 **가불**과 지불전표를 조사하여 현금과 대조하는것은 3~4명의 회계원으로써도 하루에는 남는 일이다.《리북명 : 전기는 흐른다》

가시다 [동사]

표대 ① 어떤 상태가 없어지거나 달라지다.

② 【…을】 물 따위로 깨끗이 씻다.

…

조대 [1] (자) 어떤 상태가 깨끗이 없어져 본래의 상태대로 되다.

[2] (타) ① 그릇이나 솥 같은것을 물로 씻어서 깨끗하게 하다.

② 흠집이나 부족점을 말끔히 없애고 본래상태로 되게 하다.

❸ (루명, 허물, 과오 같은것을) 깨끗이 벗다.

'가시다'는 "어떤 물건을 물 등으로 깨끗이 씻다"나 "어떤 상태가 없어지고 원래 상태대로 돌아오다"를 뜻하는 말로, 남북에서 모두 쓰이지만 북에서는 그 빈도가 낮은 편이다.

북에서 '가시다'는 "누명이나 허물 등을 벗다"의 뜻으로도 쓰인다. 남북에서 '가시다'의 대상이 '그릇, 화병(花甁)' 등의 구체 명사에서 '어둠, 슬픔, 감기' 등의 추상 명사로 확대되었는데, 북에서는 여기서 더 나아가 '누명, 허물'로까지 확대된 것이다.

예문

남 · 그런 말도 시일이 좀 지난 다음에나 입에 담을 소리지 집안에 곡소리도 **가시지** 않은 오늘 당장에야 어디…. 《이청준 : 축제》

· 장인은 아직 홍분이 **가시지** 않은 듯 입술을 실룩거리고 있었다. 《한강 : 채식주의자》

북 · 실천을 통하여 과오를 **가시다**. 《조대》

제보 · 간부들은 혁명화를 통하여 자신들의 결함을 **가시고** 당과 조국에 충실한 혁명가로 준비하여야 한다.

가시집 [명사]

표대 '처가(妻家)'를 낮잡아 이르는 말.

조대 《안해의 친정집》을 나와의 관계에서 이르는 말.

'가시집'을 남의 사전에서는 '처가'를 낮잡아 이르는 말로, 북의 사전에서는 '처가'와 같은 뜻으로 다루고 있는데, 남의 실생활에서는 쓰임이 거의 없다. '가시집'에서의 '가시-'는 일부 명사 앞에 붙어 '아내' 또는 '아내의 친정'이라는 뜻을 더하는 접두사이다. 북에서는 이 접두사를 붙여 장인을 '가시아버지', 장모를 '가시어머니'라고 한다.

예문

북 · **가시집** 분위기에는 어지간히 익숙해진 그는 그제야 장래의 안해*가 될 춘절이라는 존재를 비로소 마음속으로 보게 되였고 그의 사람됨도 알게 되였다는 것이다. 《리병수 : 붉은 지평선》

· 나는 **가시집**을 볼 낯도 없게 되였다. 《김대성 : 내땅》

· 안해편의 친척에 대하여서는 《가시》 또는 《처》자를 써서 **가시아버지**, **가시어머니**, 처삼촌, 처제, 처형, 처남 등으로 불렀다. 〈리재선 : 친척을 부르는 말〉

* 남측에서는 '아내', 북측에서는 '안해'라고 한다.

가장행렬 (假裝行列) [명사]

ㄱ

표대 운동회나 경축일 따위에 사람들이 제각기 여러 모습으로 알아보지 못하게 바꾸어 꾸미고 벌이는 행렬.

조대 갖가지 형상으로 가장한 차림을 하거나 가장물을 가지고 하는 행렬.

"여러 모습으로 꾸미고 벌이는 행렬"이라는 뜻으로는 남북에서 모두 쓰인다. 북에서는 여기에 더하여 "가장물을 가지고 하는 행렬"이라는 의미로도 쓰인다. 여기서의 '가장물(假裝物)'은 남북 모두에서 "거짓으로 꾸며낸 물건"이라는 뜻으로 쓰이는데, 북에서는 여기에 더하여 시위나 군중대회 등에 가지고 나가는 여러 가지 모형이나 그림, 도표까지도 가리킨다. 남에서는 이를 주로 '피켓(picket)'이라고 한다.

예문

남
- 도시 곳곳에서 수석이나 국화나 서예나 그림 전시회가 열리고 사생 대회에 백일장에 **가장행렬**에, 도시는 분주하다.《허수경 : 길모퉁이의 중국식당》
- 구호를 쓴 **피켓**과 플래카드를 쳐들고 구호를 외치고 노래를 부르기도 했다.《홍희담 : 깃발》

북
- 주석단* 앞을 **가장행렬**이 끝없이 흘러갔다.《조대》
- 내용과 형식에서 새롭고 풍부한 **가장물**은 말할것도 없거니와 시위대렬**을 종전의 25줄폭으로부터 무려 60줄폭으로 늘였으니 그 규모를 가히 짐작할수 있을것이다.〈백만이 하나로 걸음을 맞추도록〉
- 아이들이 해바라기를 형상한 쟁반만큼씩한 꽃송이에 붉은색 칠감으로 한글자씩 새겨넣은 **가장물**을 내들자《대를 이어 영원히 받들어 가리라》는 자별구호가 새겨졌다.《김상현 : 맑은 눈동자》

---

* 주석단: 대회나 회의 등에서 그 사업을 지도하고 집행하기 위하여 구성하는 지도성원들이 있게 마련한 자리.《조대》

** 남측에서는 '대열', 북측에서는 '대렬'이라고 한다.

북의 '군중시위'와 청년들의 횃불 행진

가점 (加點) [명사]

표대 ① 글이나 글자의 위아래나 옆에 강조를 위하여 점을 찍음. 또는 그 점.
❷ 성적 따위를 낼 때에 점수를 더 줌. 또는 그렇게 더 주는 점수.

조대 글의 일정한 부분을 특별히 표시하기 위하여 해당한 글자의 아래나 옆에 점을 찍는것 또는 그 점.

"강조하고자 하는 글자의 위아래나 옆에 점을 찍는 것"이라는 의미로는 남북에서 모두 쓰인다. 글자 그대로 점(點)을 더하는[加] 것이다. 그런데 남에서는 '점(點)'을 점수로도 보아 "성적을 낼 때 점수를 더하여 주는 것"이라는 의미로도 쓰인다. 이와 비슷한 의미의 '가산점'도 남에서만 쓰인다.

예문

남 · 국가 유공자 후손에 대한 **가점**이 없었다면 서울의 A대학에 입학할 수 없었을 것이다.《장강명 : 표백》

· 교과 평가에서 경력이나 근평 그리고 **가산점** 중 벽지 점수나 연구 점수는 남아돌 만큼 높은데 주임 점수나 연수 점수가 전혀 없었던 것이다.《전상국 : 지빠귀 둥지 속의 뻐꾸기》

가족주의 (家族主義) [명사]

표대 ① 개인보다는 가족 전체에 가치의 중심을 두는 사고방식.

…

조대 ① 몇몇 사람들끼리 무원칙한 정실관계를 맺고 서로 싸고돌면서 당과 혁명, 조직과 집단의 리익보다 자기들의 리익을 앞에 내세우는 비조직적이며 비원칙적인 사상경향이나 행동. 가족주의는 보통 친척, 친우관계, 동향, 동창, 사제관계와 같은것에 기초하여 생기는 부르죠아적 및 소부르죠아적사상의 표현이다. 가족주의는 지방주의와 함께 종파를 낳는 온상이다.

❷ 무슨 일에서나 가족을 기본으로 삼거나 내세우는 주장이나 경향.

"가족에 가치의 중심을 두는 사고방식"을 이르는 말로는 남북에서 모두 쓰인다. 남에서는 개인의 자유를 중시하는 입장과 대비되어 "개인보다 집단으로서의 가족을 더 중요시하는 입장"을 이른다. 한편 북에서는 "몇몇 사람들끼리 서로 싸고돌면서 조직이나 집단 등의 이익보다 자기들의 이익을 앞세우는 경향이나 행동"이라는 의미로도 쓰인다. 이때는 가족이라는 혈연 외 지연, 학연 등 사회적 관계에 있는 사람끼리의 집단 이기주의를 포함한다.

예문

남 · 그토록 혐오했던 아버지의 **가족주의**에 꺼둘려 옴짝달싹 못했어.《김별아 : 열애》

· 어딜 가나 그놈의 **가족주의**라니까. 개인은 없어. 난 정말 혼자 살고 싶어. 자유롭게.《박청호 : 달콤한 인생》

북 · 동문 언제 가야 그 **가족주의**를 버리겠소.《안동춘 : 푸른 산악》

·《우리 반장은 용선로를 살리자구 그 누구도 해결하지 못한 내화벽돌을 구해오다가 남편까지 잃었소. 이런 당원에게서 목숨보다 더 귀중한것을 빼앗으려고 하는데 그래 우리가 가만히 보구만 있을줄 알았소?!》…《좋소, 그따위 **가족주의**루 엄중한 죄행을 감싸려고 하는 당신들도 다 같이 책임질줄 아오!》〈김희봉 : 언제나 한마음〉

·《하하… 그러구보니 선생님과 성이 같군그래.》종길은 문씨는 한본이라면서 자랑스럽게 말하였다. …《이건 〈**가족주의**〉가 아닌가.》누군가 이렇게 익살궂게 말해서야 종길의《**가족주의**》언동이 중지되였다. 〈하명섭 : 북행길〉

가치담배 [명사]

표대 ❶ 갑에 넣지 않고 낱개로 파는 담배.

…

조대 얇은 종이로 한가치씩 만 담배.

'가치담배'는 남북에서 다른 의미로 쓰인다. 남에서는 "갑에 넣지 않고 낱개로 파는 담배"라는 뜻으로 쓰인다. 주로 한 갑을 살 만큼 주머니 사정이 넉넉하지 않을 때 사서 피웠는데 지금은 이렇게 담배를 낱개로 파는 곳을 찾기가 쉽지 않다. 한편 북에서 '가치담배'는 "공장에서 한 가치씩 말아서 생산하여 파는 담배"를 의미한다.

남에서 흔히 볼 수 있는 '필터담배'는 북에서 '려과담배'라고 한다. '려과담배'는 값이 비싸서 서민들은 장마당에서 담뱃잎과 종이를 사서 담배를 직접 만들어 피운다. 또한 북에서는 말린 담뱃잎을 썰어 놓은 것을 '썬담배'라고 하는데, 이것을 종이에 한 가치씩 직접 말아서 피우는 것을 '마라초' 또는 '만담배'라고 한다. 북의 '썬담배', '만담배'에 대한 남의 대응어는 '살담배', '궐련'이다.

남에서는 담배를 헤아릴 때 쓰는 단위 명사로 '개비'를 표준어로 인정하고 있으나 북에서는 '가치'를 쓰며 '개비'는 접미사로만 쓴다.

예문

남 · 담배 한 갑을 살 돈은 없지만 담배는 피우고 싶어 **가치담배**를 샀다.《표대》

북 · 박령감은 노랗게 도금을 한 담배갑을 잘각 열어 새하얀 **가치담배** 한대를 뽑아물고 하늘색 가스라이타로 스륵 불을 켜대고는 한모금 맛나게 들이켰다.* 〈오창수 : 서두르는 봄날〉

· 지배인은 아무런 응수도 하지 않고 숨을 길게 몰아쉬다가 옆주머니에서 금속제담배갑을 꺼내여 **가치담배** 한대를 뽑아 꼬나물고 불을 붙인 다음 폐장** 깊이 연기를 맛나게 빨아들였다가 후 하고 내뿜었다.《김정 : 인생의 악보》

* 남측에서는 '영감', '담뱃갑', 북측에서는 '령감', '담배갑'이라고 한다.

참고

북 · 내게 **마라초**가 있어. 말기가 시끄러워 그러지 맛이야 구수하지. 자, 한대 말라구. 《김광남 : 령마루에로》

· 토방에 걸터앉은 구레나룻장정이 담배쌈지를 꺼내여 손가락같이 굵직한 **마라초**를 말아 피워물었다. 〈한익훈 : 명절전야에〉

북의 '만담배'

남측에서는 '필터담배', 북측에서는 '려과담배'라고 한다.

** 남측에서는 '폐장', 북측에서는 '폐장'이라고 한다.

간부 (幹部) [명사]

표대 ① 기관이나 조직체 따위의 중심이 되는 자리에서 책임을 맡거나 지도하는 사람.
…

조대 ① 당 및 국가기관, 사회단체 등의 일정한 책임적지위에서 사업하는 핵심일군. 당의 골간력량이며 당정책을 조직집행하는 혁명의 지휘성원이며 대중의 교양자이다.
❷ 국가가 정한 기준자격을 가지고 일정한 조직체나 기관, 집단 등에서 일하는 일군.

"조직체의 중심이 되는 자리에서 책임을 맡거나 지도하는 사람"이라는 뜻으로 남북에서 모두 쓰인다. 남에서는 직책이나 나이, 조직의 성격과 상관없이 해당 조직에서 지도자의 역할을 하고 있으면 '간부'라고 한다. '직장 간부, 학생회 간부, 군 간부, 정부 고위 간부' 등과 같은 표현이 나타난다.
그런데 북에서는 "국가가 정한 기준 자격을 부여 받은 사람"을 지칭하는 말로도 쓰인다. 일반적으로 노동지도원, 당비서 이상의 직책에 있는 사람을 '간부'라고 한다. 이는 남북의 체제 차이에 의하여 발생한 의미 차이이다. 북에서는 '간부'의 자격과 계급을 국가에서 정하여 선발하고 있다.

예문

남 · 그의 직장 상사는 **간부** 사원인 그의 침묵을 용서할 수 없었다.《최인호 : 이상한 사람들》
· 천재라는 단어가 튀어나오자 학생회의 **간부**는 어이가 없다는 듯 E를 쏘아보고만 있었다.《이병주 : 철부채》

북 · 명망이 뜨르르한 중앙기관의 **간부**가 군청년동맹일군* 들의 수행도 없이 홀몸으로 학교에 나타났다는것도 이상하다면 이상하고 파격이라면 파격이였다.《김정 : 인생의 악보》
· 옆에 섰던 군복차림의 한 **간부**도 나머지 괭이를 잡고 나섰다.〈김동렬 : 봄별〉
· 교육성에서는 또한 사범전문학교들에 교양과를 두고 필요한 교육**간부**를 양성하여 선발배치하도록 하였다.《강근조 : 조선교육사》

* 남측에서는 '일꾼', 북측에서는 '일군'이라고 한다.

간판 (看板) [명사]

표대 ① 기관, 상점, 영업소 따위에서 이름이나 판매 상품, 업종 따위를 써서 사람들의 눈에 잘 뜨이게 걸거나 붙이는 표지(標識).

❷ 대표하여 내세울 만한 사람이나 사물을 비유적으로 이르는 말.

③ 겉으로 내세우는 외모, 학벌, 경력, 명분 따위를 속되게 이르는 말.

조대 ① 상점, 봉사기관 및 그밖의 일정한 조직체의 이름이나 사업종목 등을 써서 찾아오는 사람이 알아볼수 있는 곳에 걸거나 붙이는 물건.

② 《남에게 보일만 한 학력, 자격, 명분》을 홀하게 이르는 말.

③ 어떤 사실을 감추거나 합리화하기 위하여 내세우는 명목.

④ 《얼굴의 생김새》를 얕잡아서 비겨 이르는 말.

"기관이나 영업소 등의 이름을 적어 사람들의 눈에 잘 뜨이도록 밖에 걸거나 붙이는 물건", "겉으로 내세울 만한 외모, 학벌이나 자격", 그리고 후자의 부정적인 어감이 확대되어 "어떤 사실을 감추거나 합리화하기 위하여 내세운 명분"이라는 뜻으로는 남북에서 모두 쓰인다. 한편 남에서는 "대표하여 내세울 만한 사람이나 사물"을 가리키는 말로도 쓰인다.

예문

남 · 듣거라! 느이들 두 오랑캐는 성교다, 천주교다 하는 허울 좋은 **간판** 아래 혹세무민하여 제주섬을 집어삼킬 흉계를 꾸몄을 뿐 아니라, 저 악독한 봉세관과 결탁하여 백성을 침학하고 재물 늑탈과 폭행을 일삼았으니, 그 죄가 실로 막대하다! 《현기영 : 변방에 우짖는 새》

· 무엇이든 솔직히 내놓고 하지 않고 대의명분이란 **간판** 뒤에 숨어 악을 행한다. 《이어령 : 흙 속에 저 바람 속에》

· 일단 한영덕 씨의 이름으로 **간판**을 내건 다음, 박가는 수입금을 반반씩 나누자는 최초의 제의를 어기고 김가를 위해서라도 세 몫으로 나누자며 조건을 변경했다. 《황석영 : 한씨연대기》

· OOO-TV의 **간판** 격 코미디 〈웃겨서 남 주나〉는 … 국민으로부터 엄청난 사랑을 받기도 했다. 《안정효 : 솔섬》

북 · 그는 신인철기사를 살려야 한다는 허울좋은 **간판**을 내들고 … 원삼아바이를 인정이 없는 사람으로 몰며 인철기사의 애인인 은숙을 떠나가게 한다. 〈부기사장* 과 수양〉

· 바로 당신같은 사람이 문제요. 혁신자의 **간판**이나 생산에 대한 책임성의 **간판**을 이마에 내붙인 그《충실성》이 우리 고속화의 치차에 끼워 방해를 논단말이요. 〈류정옥 : 숫눈길〉

---

* 기사장 : 공장, 기업소, 농장들에서 생산활동에 대한 기술적지도를 직접 책임진 행정적지위 또는 그 직위에 있는 사람. 《조대》

갈기 [명사]

표대 ① 말이나 사자 따위의 목덜미에 난 긴 털.

…

조대 ① 말, 사자 같은 짐승의 목덜미에 난 긴털.

② 《물거품을 일으키며 타래쳐 밀리는 물마루》를 비겨 이르는 말.

❸ 《바람에 타래쳐 날리는 눈발》을 비겨 이르는 말.

❹ 산산이 찢어지거나 갈라진 그 하나하나의 가닥.

"말이나 사자 따위의 목덜미에 난 긴 털"이라는 뜻으로는 남북에서 모두 쓰인다. 북에서는 이 기본 의미가 확대되어 여러 비유적인 뜻으로 쓰인다. 세차게 맴돌아 오르는 물마루나 바람에 세차게 맴돌며 내리는 눈발과 말이나 사자의 긴 갈기가 바람에 세차게 말려 흩날리는 모습의 유사성에 바탕을 둔 은유에 의하여 의미가 파생된 것이다. 그런데 "물거품을 일으키며 세차게 맴돌아 오르는 물마루"라는 뜻은 남에서도 쓰인다. 남의 말뭉치에서 "내가 탄 똑딱선은 사뭇 **갈기**를 내저으며 … 여러 섬들 새를 끼고 돌아 시방 T항을 향하여 가고 있다."《유치환 : 나는 고독하지 않다》와 같은 용례가 검색된다. "바람에 타래쳐 날리는 눈발", "산산이 찢어지거나 갈라진 그 하나하나의 가닥"이라는 뜻은 북에서만 쓰인다.

한편 'X+갈기' 구조의 합성어 '물갈기', '눈갈기'는 북의 사전에만 올라 있는 것으로, 북에서만 활발하게 사용되고 있다.

예문

남 · 갈기를 날리며 성난 짐승처럼 달려드는 파도는 예나 다름없고, 그 포말에 부서지는 해안선에는 겨울을 나기 위해 찾아든 청둥오리 떼의 쓸쓸한 물자맥이 여전하다. 《김명인 : 소금바다로 가다》

북 · 농가에서 얻어입었던 바지저고리는 다 해져 갈기가 졌고 머리에 썼던 평립은 어디 갔는지 천인들이 쓰던 구멍난 패랭이가 대신하고있었다. 《리유근 : 관북 의병장》

· 만경봉이 가까와지자* 대하와 같은 눈보라가 허연 갈기를 날리며 맞받아 휘몰아치기 시작했다. 〈리희남 : 붉은 눈보라〉

· 방금전까지 흰 갈기를 날리며 파도치던 바다가 숨을 죽인듯 잠잠하였다. 《진재환 : 한피줄**》

· 아무리 강추위라 해도 수차들이 밤낮 쉼없이 돌아가며 물을 때려 갈기를 일으켜서 얼어붙을 사이가 없다는것이였다. 《박찬은 : 설령의 등대》

참고

북 · 차바퀴밑에서 일어난 **눈갈기**가 회오리를 일으키며 뿌연 장막을 이루어 눈앞을 가리며 얼굴에 덮씌웠다. 〈장수근: 어머니〉

· 은영이 역시 멀리 아득히 싯허연 **물갈기**를 일으키며 끊임없이 밀려오는 파도에서 눈길을 떼지 못하고있었다. 《정기종: 녀가수》***

---

* 남측에서는 '가까워지다', 북측에서는 '가까와지다'라고 한다.

** 남측에서는 '핏줄', 북측에서는 '피줄'이라고 한다.

*** 남측에서는 '시허옇다', '여가수', 북측에서는 '싯허옇다', '녀가수'라고 한다.

갈다 [동사]

표대 ① 날카롭게 날을 세우거나 표면을 매끄럽게 하기 위하여 다른 물건에 대고 문지르다.
② 잘게 부수기 위하여 단단한 물건에 대고 문지르거나 단단한 물건 사이에 넣어 으깨다.
③ 먹을 풀기 위하여 벼루에 대고 문지르다.
④ 윗니와 아랫니를 맞대고 문질러 소리를 내다.

조대 ① 날이나 끝을 날카롭게 하기 위하여 숫돌이나 갈이돌 같은것에 문지르다.
② 낟알이나 덩이를 가루로 만들거나 잘게 바수기 위하여 단단한 두 물체사이에 넣어 문지르다.
③ 단단한것의 겉을 매끄럽게 하거나 윤을 내기 위하여 단단한 다른 물체로 문지르다.
❹ 목에 힘을 주어 목안을 매끄럽게 하다.
⑤ 먹이나 돌 같은 단단한것을 가루로 만들거나 덩이를 물에 풀기 위하여 단단한 다른 물체에 문지르다.
⑥ 웃이와 아래이를 맞대고 문질러 소리를 내다.

"어떤 물건을 날카롭게 하거나 매끄럽게 하려고 다른 것에 대고 문지르다"라는 의미로는 남북에서 모두 쓰인다. 북에서는 '갈다'를 "목에 힘을 주어 목안을 매끄럽게 하다"라는 뜻으로도 쓰인다. 남에서는 이에 대응하는 말로 "목을 **가다듬고** 연설을 시작했다"에서처럼 주로 '가다듬다'가 쓰인다.

예문

남 · 큼, 하고 목을 **가다듬고** 나서 아내가 가까스로 입을 열었다.《윤대녕 : 미란》

북 · 로인* 은 못마땅한 눈길로 그를 잠시 지켜보다가 끙! 하고 목을 **갈며** 외면해 버렸다. 〈뜨거운 태양〉

· 반년이 지난뒤 오기수에게 자리를 떼운** 부소장은 요란스레 목을 **갈며** 침을 탁 뱉았다.《림재성 : 최후의 한사람》

---

* 남측에서는 '노인', 북측에서는 '로인'이라고 한다.
** 떼우다 : 《떼다》의 피동형. 《조대》

갈퀴지다

ㄱ

표대 [1] 「형용사」 생김새가 갈퀴처럼 구부정하다.

[2] 「동사」 ① 성이 나서 눈시울이 모나게 되다.

❷ 말을 부드럽지 아니하고 앙칼지게 하다.

조대 「형용사」 ① 갈퀴살모양으로 구부정하다.

② (눈이) 성이 나서 모나게 구부레해지다.

"생김새가 갈퀴처럼 구부정하다"라는 뜻의 형용사로는 남북에서 모두 쓰인다. "눈 모양이 모가 나게 되다"라는 의미로는 남북에서 모두 쓰이는데 북에서는 형용사로, 남에서는 동사로 쓰인다. 남의 사전에서는 "말을 앙칼지게 하다"라는 뜻의 동사를 제시하고 있는데, 그 쓰임이 남의 말뭉치에서 확인되지 않는다.

예문

남 · 눈빛이 응세 넋을 뽑아 내갈 것처럼 날이 서고 뾰족하게 **갈퀴져** 있었다. 《유재용 : 사로잡힌 영혼》

북 · 변귀남의 부드러운 말이였지만 태문갑은 **갈퀴진** 눈초리로, 안쥔은 실망어린 눈길로 한시에 그를 바라보았다. 《새봄》

· 아이젠하워는 **갈퀴진** 표독스러운 눈으로 클라크를 쏘아봤다. 《김수경 : 승리》

감기다 [동사]

표대 【…에】① '감다'의 피동사.

② 옷 따위가 몸을 친친 감듯 달라붙다.

❸ 음식 따위가 감칠맛이 있게 착착 달라붙다.

④ 사람이나 동물이 달라붙어서 떠나지 아니하다.

⑤ 음식을 너무 먹어 몸을 가누지 못하다.

조대 ① (몸이나 살을) 칭칭 감는듯 달라붙다.

② 음식을 지나치게 먹거나 빈속에 먹어서 갱신 못하다.

❸ (어떤 감정으로) 말이 제대로 되지 아니하거나 막히다.

④ (사람이나 동물이) 가깝게 달라붙어 떠나거나 떨어지지 않다.

'감기다'는 '감다'의 피동형과 사동형으로 남북에서 모두 쓰인다. 남에서는 '감기다'가 '혀, 입' 등과 함께 쓰여 "음식의 맛이 맛깔스럽게 입에 착착 달라붙다"라는 의미로도 쓰인다. 한편 북에서는 "어떤 감정으로 말이 제대로 되지 않거나 막히다"라는 의미로도 쓰이는데 빈도는 높지 않은 편이다.

예문

남 · 김을 한 조각 입에 넣으면 찝찔한 맛이 **혀에 감기면서** 사정없이 나부끼던 마음이 착 가라앉았다.《정미경 : 아프리카의 별》

· 쌉싸름하니 **입에 감기는** 그 쌈을 무엇에 비유해야 할까.《이대흠 : 이름만 이뻐먼 머한다요》

제보 · 나를 도적으로 몰아가자 너무 억울하여 **말이 감기였다**.

ㄱ

감독 (監督) [명사]

표대 ① 일이나 사람 따위가 잘못되지 아니하도록 살피어 단속함. 또는 일의 전체를 지휘함.
② 영화나 연극, 운동 경기 따위에서 일의 전체를 지휘하며 실질적으로 책임을 맡은 사람.
…

조대 ① 잘못이 없도록 살피고 단속하는것.
② 체육에서, 선수훈련과 경기운영전반을 지휘하고 실질적으로 책임을 지는 사람.
③ 낡은 사회에서, 공장, 공사판 같은데서 사람들에게 고된 로동을 강요하면서 그들을 감시하고 통제하는것 또는 그런 직무를 맡은 착취계급의 앞잡이.
❹ 일부 나라에서, 《연출가》를 이르는 말.

"운동 경기 등에서 선수 훈련과 경기 운영 전반에 책임을 진 사람"을 가리키는 말로는 남북에서 모두 쓰인다. 다만 남북에서 '감독'이 주로 쓰이는 상황은 조금 다르다.

남에서 '명감독'이라 할 때에는 주로 영화나 체육 분야에서 이름나거나 뛰어난 감독을 가리키지만, 북에서 '명감독'이라 할 때에는 주로 체육 분야에서 이름나거나 뛰어난 감독을 가리킨다. 북에서는 "방송, 연극, 영화 분야를 총괄하는 사람"을 가리킬 때 '감독'이라는 말보다는 '연출가'라는 말을 더 자주 쓴다. 남에서는 '영화감독'에 해당하는 사람을 북에서는 '영화연출가'라고 한다.

예문

남 · 실재했던 일은 아니지만, 써 놓고 보니 **감독님** 생각처럼 영화의 끝 장면으로 그럴듯할 것 같구요. 《이청준 : 축제》
· 좋은 배우를 창조해내는 **명감독**으로 추앙받고 싶지 않아? 《정종명 : 올가미》
· ○○○는 월드컵에 처음 참가한 호주 대표팀을 16강에 진출시킨 장본인이자, 2002년 한일 월드컵에서 ○○ 대표팀의 '4강 신화'를 창조한 공신으로서 세계가 인정하는 **명감독**이다. 《김범송 : 가장 마음에 걸린다》

북 · **연출가**는 영화문학에 심어진 종자를 잡아쥐고 그것을 꽃피우는데로 모든 창조성원들을 통일적으로 이끌어나가며 … 영화적화폭을 창조한다. 〈리양일 : 촬영가는 문학형상과 연출구상을 완전히 소화하여야 한다〉
· 영화는 **연출가** 혼자의 노력으로 만드는것이 아니라 여러 창조성원들의 창조적지혜와 노력에 의하여 만들어지는 공동의 창조물이다. 〈김태선 : 화면내부편집의 리해* 에서 나서는 몇가지 문제〉

* 남측에서는 '이해', 북측에서는 '리해'라고 한다.

감사 (感謝) [명사]

표대 ① 고마움을 나타내는 인사.

② 고맙게 여김. 또는 그런 마음.

조대 ① 고맙다고 생각하는것 또는 그런 느낌.

② 고마움을 나타내는 인사.

❸ 이룩한 성과나 수고에 대하여 높이 평가하고 칭찬하는것.

상호의 위계와 무관하게 "고맙게 여기는 마음이나 그런 마음을 나타내는 인사"를 이르는 말로는 남북에서 모두 쓰인다. 북에서는 '감사'가 "상부에서 하부가 이룩한 성과나 수고에 대하여 높이 평가하고 칭찬함"을 이르는 말로도 쓰인다. '감사'가 이러한 의미로 쓰인 '감사를 보내다', '감사를 주다'라는 표현은 남에서는 찾기 어려우며, 이런 맥락에서 남은 주로 '치하'를 쓴다.

예문

남 · 나는 그녀의 노고에 **감사**를 표시했다. 《윤후명 : 아으 다롱디리》

· 장시간 저희 쇼를 관람해 주신 여러분께 심심한 **감사**를 드립니다. 《황석영 : 어둠의 자식들》

북 · 본부에서는 동무들에게 **감사를 보내왔소**. 《허문길 : 폭풍의 산아》

· 애국의 일념을 안고 불굴의 정신력과 자력갱생의 혁명정신을 높이 발휘하여 선군시대에 또하나 만년대계의 창조물을 일떠세운 전체 건설자들과 지원자들에게 **감사를 줍니다**. 《조인영 : 생명》

· 우리 금별이에게 중대장의 이름으로 **감사를 줘야겠는걸**. 《민경숙 : 더 높이 띄워라》

참고

남 · 행차에 참가한 병사들에게 국왕이 술과 고기를 내려 노고를 **치하**했다. 《김경욱 : 천년의 왕국》

감식 (鑑識) [명사]

표대 ① 어떤 사물의 가치나 진위 따위를 알아냄. 또는 그런 식견.

❷ 범죄 수사에서 필적, 지문, 혈흔(血痕) 따위를 과학적으로 감정함.

조대 어떤 대상이 진짜인가 가짜인가 또 그 대상이 어떤 류형의것인가 하는것을 감정하여 식별하는것.

"어떤 사물의 진위 여부나 가치를 알아내는 것"이라는 의미로는 남북에서 모두 쓰인다. 남에서는 "범죄 수사에서 범행 사실을 확인하거나 입증하기 위하여 관련된 필적, 지문, 혈흔 등 여러 물적 근거를 과학적으로 감정하는 것"이라는 의미로도 쓰인다. 따라서 '합동 감식반', '경찰 감식반'과 같은 표현은 남에서만 확인된다.

예문

남
- 민우가 최지욱의 집 앞에 다다랐을 무렵, 권율 박사는 유전자 **감식** 결과를 벌써 몇 번째 들여다보고 있었다. 《김연경 : 고양이의 이중생활》
- **경찰 감식반**이 현장에서 부서진 라이터를 찾아냈다. 《김훈 : 공무도하》
- **감식반**은 … 일일이 사진을 찍고 돋보기까지 동원하여 시체의 손상된 부위를 살피고 있었다. 《이수광 : 영혼의 파괴자》

갑(甲) [명사]

표대 ① 두 개 이상의 사물이 있을 때 그중 하나의 이름을 대신하여 이르는 말.
② 차례나 등급을 매길 때 첫째를 이르는 말.

조대 ① 십간의 첫째. 《을》의 앞이다.
② (십간의 차례로) 순서나 등급을 매길 때의 첫째.

"천간(天干)에서 첫 번째를 이르는 말"로는 남북에서 모두 쓰인다. 천간은 전통적으로 연도, 날짜, 시간, 방위 등을 나타내는 데 두루 쓰였으며, 현대에도 순서나 등급을 매길 때 관용적으로 사용된다. 예를 들면 남에서는 국회의원 지역구 선거구를 구분할 때 '파주 갑(甲), 파주 을(乙)'과 같이 천간을 써서 표시한다. 불특정한 대상 중 하나를 가리키는 말로도 쓰인다. "기술자인 나로서는 갑이 연구했건 을이 만들어냈건 상관이 없거던."《로보트-승리호》와 같은 북의 예문이 이에 해당한다. '갑남을녀', '갑론을박' 등의 사자성어도 같은 맥락에서 나온 것이다.

한편 남에서는 계약서 등에서 계약을 주도하는 자를 '갑', 그 상대를 '을'이라고 하는 관행이 있다. 상하나 우열 관계의 개념 없이 법률 용어로서 단순히 계약서상의 당사자 쌍방을 지칭하는 용어로 '갑'과 '을'이 쓰인다. 그런데 이러한 의미의 '갑'과 '을'에 점차 신분이나 권력의 상하나 우열 관계에 대한 인식이 반영되기 시작하여, 현재는 계약 관계를 벗어나 일상적인 관계에서도 당사자 간 신분이나 권력의 차이가 있는 경우 '갑을 관계'에 있다고 한다. 또한 상대적으로 신분이나 권력의 우위에 있는 사람들이 지위를 악용하는 경우 '갑질'이나 '갑의 횡포'라고 이르는 등 새말이 생기었다.

예문

남 · 아쉬운 건 언제나 을이었기에 그들은 군말 없이 갑의 비위를 맞췄다. 《권남기 : 매니지먼트》

· 이자의 절반에 해당하는 금액은 4만 3천 원으로 하며 갑은 그 금액에 해당하는 유우를 구입 사육한다. 《이문구 : 암소》

· 장사판에서 갑과 을 중 누가 더 우위에 있을까. 답은 뻔하다. 갑의 입장이 절대적이다. 《김용섭 : 추기경 님 이야기》

강건하다 (剛健--) [형용사]

표대 ① 의지나 기상이 굳세고 건전하다.

❷ 필력(筆力)이나 문세(文勢)가 강하고 씩씩하다.

조대 ① (기상이나 의지가) 굳세고 건전하다.

② (기운이나 몸이) 튼튼하고 다부지다.

"의지나 기상이 굳세고 건전하다"라는 뜻으로는 남북에서 모두 쓰인다. "몸이 튼튼하고 기운이 다부지다"라는 의미는 북의 사전에만 올라 있지만 남에서도 자주 쓰인다. 남의 말뭉치에서 "우리는 … 그때 우리의 **강건했던** 근육과 젊으셨던 부모님들의 모습을 이야기한다."《심윤경 : 이현의 연애》와 같은 용례가 확인된다. 한편 남에서는 '강건하다'가 "필력이나 문세가 강하고 씩씩하다"라는 뜻으로도 쓰인다.

예문

남 · 소박하고 **강건한** 문체가 … 때때로 그리운 마당이다.《최일남 : 풍경의 깊이 사람의 깊이》

· 인철은 세계와 인생을 **강건하게** 표현하기를 즐겼지만 한형은 예리하고 섬세하게 묘사했다.《이문열 : 변경》

북 · 박위는 불의라고 생각되는것은 비록 사소한것이라 할지라도 타협없이 도전해나서는 **강건한** 사내였다.《리평 : 검이여 불타라》

· 백가신은 망이의 **강건한** 자세에서 범상치 않은 기품을 느꼈다.〈김정민 : 망이〉

강냉이 [명사]

표대 ① = 옥수수 ②.

* 옥수수 : ① 볏과의 한해살이풀. 높이는 2~3미터이며, 잎은 수숫잎같이 크고 길다. 꽃은 단성화로 웅화수는 줄기 끝에 달리고 자화수는 줄기 중앙의 잎겨드랑이에 달린다. 열매는 녹말이 풍부하고 식용하거나 가축 사료로 쓴다. 멕시코에서 남아메리카 북부에 걸친 지역이 원산지로, 전 세계에서 재배한다.

② '①'의 열매. 쪄 먹거나 떡, 묵, 밥, 술 따위를 만들어 먹는다.

❷ '①'을 튀긴 것.

조대 ① 벼과에 속하는 밭곡식의 한가지. 여름철에 줄기끝에 수꽃이삭이 고깔모양을 이루고 곧추서며 암꽃이삭은 줄기 웃부분 잎아귀에 둥근기둥모양의 이삭꽃차례를 이룬다. 열매는 좀 모가 나고 둥그스름한데 열매기둥에 배게 붙는다. 수염은 약재로, 줄기는 섬유제지원료 및 집짐승먹이로 쓰이며 낟알은 식용, 집짐승먹이, 공업원료로 널리 리용된다.

남북의 사전에 '강냉이', '옥수수'가 모두 실려 있지만 사용 범위와 빈도는 약간 다르다. 북에서는 식물과 열매 모두를 가리키는 말로 '강냉이'를 쓸 것을 권장하지만, 남에서는 식물과 열매 모두를 가리키는 말로 주로 '옥수수'를 쓰며 '강냉이'는 그 열매 또는 열매의 낟알을 튀긴 것만을 가리킨다. 한편 북에서는 '옥수수'를 튀긴 것 자체는 '강냉이'라고 하지 않고 주로 '펑펑이'라고 하며, '강냉이과자', '옥수수과자'라고도 한다.

예문

남 · **강냉이**는 튀긴 지 오래된 듯 눅눅했고, 엉겨 붙어 있었다.《정영문 : 하품》

· 강씨가 엿목판을 밀어내고 튀긴 **강냉이**를 담은 비닐 자루를 옆으로 치웠다.《황석영 : 돼지꿈》

북 · 은철이는 어느새 가방안에서 팔뚝같은 **강냉이** 두이삭을 꺼내들었다.《한기석 : 꽃바다》

· 이 **강냉이**싹들이 바로 그 아들을 위한것이란다.〈오수남 : 목란꽃〉

참고

북 · 군밤, 군고구마 냄새에 섞여 **평평이**가 튀는 소리, 땅바닥으로 깔려도는 기름타는 냄새, 구수한 갈비국*냄새… 《석윤기 : 추억》

· 오늘같이 즐거운 명절날에 **평평이**간식을 마련한 할아버지의 마음을 너는 알아야 한다. 〈한경식 : 생활이 비낀 흥미있는 세부탐구〉

---

* 남측에서는 '갈빗국', 북측에서는 '갈비국'이라고 한다.

강력하다 (强力--) [형용사]

ㄱ

표대 ① 힘이나 영향이 강하다.

❷ 가능성이 크다.

조대 ① (나라나 집단, 어떤 세력 등의) 력량이 크고 강하다.

② 미치는 힘이 크고 세다.

"힘이나 미치는 영향, 역량 등이 강하다"라는 의미로는 남북에서 모두 쓰인다. 다만 남에서는 주로 "강력한"의 형태로 쓰여 "가능성이 크다"라는 의미로도 쓰인다. 이러한 의미 차이는 '유력하다'에서도 확인된다. "세력이나 재산이 있다"라는 뜻으로는 남북에서 모두 쓰이나 "가능성이 많다"라는 뜻은 남의 사전에만 올라 있다.

예문

남 · 밑 빠진 독에 물 붓기일 것 같았던 그들의 투자는 비로소 빛을 보기 시작했고, 3년 전부터 졸리 더 퀸은 **강력한** 우승 후보이자 전 세계에서 가장 매력적인 로봇으로 각광받았다.《김탁환 외 : 눈먼 시계공》

· 자신이 읽어 본 모든 의견서와 장준석 형사의 수사 보고로 판단해 보았을 때, 은혜리가 가장 **강력한** 용의자 맞다.《류성희 : 사건번호 113》

참고

유력하다(有力--) [형용사]

《표대》 ① 세력이나 재산이 있다.

❷ 가능성이 많다.

《조대》 ① 세력이 있다.

② (일을 처리하는데서 큰 역할을 할수 있는) 힘이 있다.

남 · 불을 지른 용의자로 정 여사 아줌마가 가장 **유력하다**는 것이었다.《은희경 : 새의 선물》

북 · 아무리 그가 사회적으로 **유력한** 인물이라고 하여도 명윤성에겐 그가 발바닥처럼 보였다, 인간에게 인간다운것이 결여되였다면… .《배경휘 : 넋의 토양》

· 사내애들은 이 말광량이 계집애가 아무리 놀려대고 까불어도 감히 어쩌지 못했어. 내 뒤에 **유력한** 오빠들이 방패처럼 둘러싸고있었으니까… .《김은옥 : 단발머리》

강매 (强買) [명사]

표대 강권에 못 이겨 남의 물건을 억지로 삼.

조대 억지로 빼앗듯이 사는것.

원어는 같으나 그 의미가 다소 다르다. 북에서는 "(원하는) 물건을 빼앗듯이 사는 것"을 의미하여 "괴뢰군이 특수농작물을 농부들에게서 절반값만 주고 **강매하다**."와 같이 쓰인다. 한편 남에서는 "강권에 못 이겨 (원치 않는) 물건을 억지로 사는 것"을 뜻한다. 즉 북에서는 사는 사람의 의지가 강한 것이고, 남에서는 파는 사람의 의지가 강한 것이다.

예문

북 · 놈들은 특수농작물을 절반값만 주고 **강매하였다**. 《조대》

강제 (强制) [명사]

표대 권력이나 위력(威力)으로 남의 자유의사를 억눌러 원하지 않는 일을 억지로 시킴.

조대 ① 본인이 응하지 않는것을 억지로 시키거나 내려먹이는것.

❷ 과학기술적인 방법에 의하여 인공적으로 작용하는것.

③ (《강제로》형으로 부사로 쓰이여) 억지로 무리하게.

"힘으로 억눌러서 원하지 않는 일을 억지로 시키는 것"이라는 뜻으로는 남북에서 모두 쓰인다. 그런데 북에서는 "과학 기술적인 방법을 이용하여 인공적으로 작용하는 것"이라는 뜻으로도 쓰인다. 이런 쓰임은 주로 수학·과학 전문 용어에 나타난다. 한 가지 예로, 북에서는 '유도 복사'를 '강제복사'라고 한다. 남에서는 이런 의미로 '강제'를 쓰지 않는다.

예문

북 · 무연탄채굴의 기계화를 완성하기 위하여서는 긴 발파구멍을 전공할수 있는 설비를 완성하며 **강제**붕괴의 채탄법을 적극 받아들여야 한다. 〈리하섭 : 채굴작업의 기계화, 종합적기계화〉

제보 · **강제**감쇠조화진동자의 기본방정식 // **강제**대류열전달 // **강제**대류현상.

강타 (强打) [명사]

표대 ① 세게 침.

❷ 태풍 따위가 거세게 들이침을 비유적으로 이르는 말.

③『운동』야구나 배구 따위에서, 타자나 공격수가 공을 세게 침. 또는 그런 동작.

조대 ①《체육》(배구나 탁구, 권투 같은 경기에서) 공이나 상대편을 세게 들이치는것.

❷《센 추궁이나 면박》을 비겨 이르는 말.

'강타'의 기본 의미는 남과 북이 비슷하다. 누군가를 세게 때리거나 큰 충격을 받았을 때, 특히 배구나 야구 등 구기 종목에서 공을 세게 칠 때나 격투기 종목에서 상대편을 강하게 공격할 때 자주 사용된다.

그러나 '강타'를 무언가에 비겨 이르는 말로 쓸 때는 그 의미가 남북이 서로 다르다. 남에서는 '태풍 등이 거세게 들이치는 것'을 가리킬 때 '강타'라는 말을 쓴다. 반면 북에서는 "대상을 강하게 추궁하거나 면박을 주는 것"을 '강타'라고 한다.

예문

남 · 9월과 함께 삼남 지방을 휘몰아친 사라호 태풍은 서울의 남천장학사까지 **강타했다**.《조정래 : 한강》

북 · 강호는 맵짠 말로 연방《**강타**》를 먹였다.《신종붕 : 갈매기근위대》

· 단발머리 분조장의 날카롭고 호된 **강타**앞에 총각은 아무 말도 못했다.《조대》

· 소조원동무, 방금전에 감정을 앞세웠다고 **강타**를 먹이더니 언 사과로 또 **강타**를 먹이는군요.〈김정남 : 새일터〉

강행군 (强行軍) [명사]

표대 ① 어떤 일을 짧은 시간 안에 끝내려고 무리하게 함.

② 『군사』 무리함을 무릅쓰고 보통 행군보다 멀리 또는 빨리 행군함. 또는 그런 행군. 통상 시간당 4㎞ 이상의 빠른 속도로 행하는 보병의 행군을 이른다.

조대 ① 목적지에 보다 빨리 가닿기 위하여 가능한 최대속도로 진행하거나 행군시간을 늘여 진행하는 행군.

❷ 국방체육종목의 하나. 규정된 갖춤새를 한 일정한 인원의 대오가 정해진 목적지까지의 거리를 최대의 능력을 내여 가장 빠른 시간안에 행군한다.

③《여러가지 어려운 조건들을 이겨내면서 줄기차게 다그치는 전진운동》을 비겨 이르는 말.

"무리함을 무릅쓰고 보통 행군보다 멀리 또는 급히 가는 행군"이나 "어떤 일을 짧은 시간 안에 끝내려고 무리하게 하는 것"이라는 뜻으로는 남북에서 모두 쓰인다. 그런데 북에서는 "체육과 국방 활동을 접목한 체육 종목의 하나"를 가리키는 말로도 쓰인다. 이런 체육 종목을 '강행군경기'라고 한다. 남자 8㎞, 여자 4㎞의 거리를 한 명의 낙오자도 없이 빨리 행군하는 경기이다.

북에서는 체육 활동을 여가, 건강 유지 외에도 국방, 정치적 목적과 관련하여 국가에서 장려하고 있다. '강행군' 외에 군사 훈련과 체육을 접목한 것으로는 '국방체육'* 이 있다. 다른 국방체육 종목으로는 등산, 행군, 무기의 분해와 조립 등이 있다. '가정체육', '군중체육', '과외체육', '로인** 체육', '항공체육' 등의 단어도 북의 사전에만 올라 있다.

* 국방체육 : 체육과 국방활동을 밀접히 결합시켜 진행하는 체육.《조대》
** 남측에서는 '노인', 북측에서는 '로인'이라고 한다.

예문

남 · 열흘 만에 네 나라를 둘러보려면 **강행군**은 불가피했다. 《김경욱 : 혁명기념일》

· 자정까지 **강행군**을 한 끝에 하루 작업 분량으로는 신기록을 세웠다. 《방현석 : 존재의 형식》

북 · 다시 중대는 릉선*** 을 넘고 골짜기를 지나 **강행군**을 계속하였다. 《태백산줄기》

· 이번 현지지도는 **강행군**을 하는 길이므로 신들메**** 를 단단히 조이고 떠나면 됩니다. 〈한원희 : 북방의 눈보라〉

· 1중대선수들은 박수갈채를 받으며 한낮의 열기가 풍겨오르는 운동장복판을 가로질러 **강행군**경기출발선으로 달려갔다. 《리장후 : 우리중대선수들》

*** 남측에서는 '능선', 북측에서는 '릉선'이라고 한다.

**** 남측에서는 '들메', 북측에서는 '신들메, 들메'라고 한다.

개장국 (-醬-) [명사]

표대 개고기를 여러 가지 양념, 채소와 함께 고아 끓인 국. 옛날부터 삼복(三伏) 때 또는 병자의 보신을 위하여 이를 먹는 풍습이 있었다.

조대 → 단고기장.

'개장국'은 남북에서 모두 "개고기에 양념을 곁들여 끓인 국"을 가리키는 말이다. 그러나 남에서는 '개장국'을 대신하여 '보신탕'이 주로 쓰이고, '영양탕', '사철탕'이라고도 한다. 북에서는 '개장국'을 비규범어로 보고 '단고기국', '단고기장'을 규범어로 제시하고 있다. '단고기'는 '맛이 단 고기'라는 뜻에서 나온 말이다.

예문

남 · 사장님도 **보신탕** 잡숫지요? 여름엔 그저 **개장국**에 밥 말아 먹는 게 최고인데. 《양귀자 : 비 오는 날이면 가리봉동에 가야 한다》

· 우린 내일 개를 잡아 **보신탕**을 끓일 거야. 《홍성원 : 주말여행》

북 · **단고기장** 하면 사람들은 삼복철에 많이 드는 **보신탕**으로만 여겨왔는데 지금은 철을 가리지 않고 찾아와 뜨끈한 장을 즐겨듭니다. 〈리종성 : 누구나 즐겨 찾는 집〉

· 복날이면 **단고기국**을 먹는것과 마찬가지로 초복, 중복, 말복에는 영계찜을 즐겨했다. 〈배영욱 : 함경도지방의 토배기* 음식〉

* 남측에서는 '토박이', 북측에서는 '토배기'라고 한다.

개장국

개짐 [명사]

표대 여성이 월경할 때 샅에 차는 물건. 주로 헝겊 따위로 만든다.

조대 《녀자가 달거리때에 샅에 차는 헝겊 또는 그때에 쓰기 위하여 만든 물건》을 이르던 말.

'개짐'은 "여자가 월경할 때 쓰는 물건"으로 남북의 사전에 모두 올라 있으나 요즘에는 잘 사용하지 않는 말이다. 그 대신 남에서는 '생리대', '패드'를, 북에서는 '위생대'를 쓴다. 재질도 바뀌어 현대에는 헝겊을 쓰지 않고 흡습성이 좋은 특수한 종이나 화학 섬유 등을 사용하여 만든다.
생리 현상을 겪는 것을 두고 남북 여인들의 표현이 각기 다르다. '생리하다'를 가까운 친구끼리 에둘러 말할 때 남에서는 '그날'이라는 표현을 쓰고, 북에서는 '붉은 홍수 만나다'라는 표현을 쓴다.

예문

남 · 그 잔소리를 오래도록 들으며 윤자는 웅크리고 앉아 엄마와 함께 무명천으로 **개짐**을 여러 개 만들었었다. 《이신조 : 기대어 앉은 오후》

· 근대의 물결은 여자들의 사생활에도 큰 변화를 가져와 이즈음에는 무명천을 빨아 쓰던 **개짐**에서 일회용 **생리대**로 바뀌어 있었던 것이다. 《천명관 : 고래》

❙ 북의 '위생대'

개털 [명사]

표대
① 개의 털.
❷ 사람 몸의 가는 털을 낮잡아 이르는 말.
❸ 쓸데없는 일이나 행동을 비유적으로 이르는 말.
❹ 죄수들의 은어로, 돈이나 뒷줄이 없는 사람을 이르는 말.

조대
개의 털.

"개의 털"이라는 뜻으로는 남북에서 모두 쓰인다. 남에서는 "개의 털"이라는 기본 의미보다 "돈이나 힘이 없는 사람을 속되게 이르는 말"로 더 자주 쓴다. 이 말은 죄수들의 은어였다가 일반 사회로 사용 범위가 확대된 것이다.
북에서는 "개의 털"이라는 기본 의미로 사용되는 빈도가 높다. 이는 남에서는 개털이나 개의 가죽을 옷을 짓는 데 잘 사용하지 않는 반면, 북에서는 개털로 방한 용품을 만드는 것이 일반적이기 때문이다. 북의 사전에는 '개털모자', '개털외투', '개털옷' 등이 올라 있다.

예문

남
- 로잔나는 한 푼도 벌지 못하고 있었기 때문에 집 렌트비가 밀리기 시작했고, 켄세이는 돈이 얼마나 있는지 알 수 없는 녀석이었지만 약값을 하도 많이 써서 **개털**이 되어 가고 있는 것 같았다.《박상 : 15번 진짜 안 와》
- 요즈막엔 낯선 사람만 나타나도 심장이 덜컹거리고 온몸의 **개털**까지도 빳빳하게 곤두선다고 푸념했다.《송기숙 : 자랏골의 비가》

북
- 모두 한모양새로 **개털모자**, 솜모자, 솜신과 솜옷차림을 한 늙은이들이 돌서덕을 뚜지고있었다.〈정기종 : 력사의 대하〉*
- 목깃에 **개털**을 댄 동복이 그자에게는 어찌도 어울렸던지 태여날** 때부터 그걸 입고 나온듯이 생각될 지경이였다.《김대성 : 내땅》

---

* 남측에서는 '돌서덜', '역사', 북측에서는 '돌서덕', '력사'라고 한다.
** 남측에서는 '태어나다', 북측에서는 '태여나다'라고 한다.

객관 (客觀) [명사]

표대 ① 자기와의 관계에서 벗어나 제삼자의 입장에서 사물을 보거나 생각함.

② 『철학』 주관 작용의 객체가 되는 것으로 정신적·육체적 자아에 대한 공간적 외계. 또는 인식 주관에 대한 인식 내용.

③ 『철학』 세계나 자연 따위가 주관의 작용과는 독립하여 존재한다고 생각되는 것.

조대 ① 사람의 의식밖에 존재하며 의식에는 의존하지 않는 물질세계.

② 자기와의 관계에서 벗어난 립장에서 사물을 보거나 대하는 견해나 관점.

❸ 어떤 일에서 직접 관계가 없는 제3자.

"자기와의 관계에서 벗어나 제삼자의 입장에서 사물을 보거나 생각하는 것"이라는 뜻으로 남북에서 모두 쓰인다. 북에서는 "어떤 일에 직접적인 관련이 없는 제삼자"라는 뜻으로도 쓰인다. 남에서는 이에 대응하는 말로 '제삼자'를 주로 쓴다.

예문

남 · 그것은 **제삼자**가 완벽히 이해할 수 있는 그런 종류의 이야기가 아니라고 혜성은 생각했다.《정이현 : 너는 모른다》

· **제삼자**가 이러니저러니 할 수 없다는 거지. 음, 그것두 그래.《황순원 : 일월》

북 · **객관**이 보기엔 영조가 이긴 경기같았다. 그런데 경기가 끝나자 심판결과는 4 대 1로 김우길이 이긴것으로 나왔다.《함용길 : 조선의 주먹》

· 아니, 곁에서 목격한 사람들은 그렇지 않았다고 했소. **객관**들도 간담이 서늘할 소리를 해놓고 배포유하게 발편잠을 잘수가 있소?《조인영 : 생명》

거리 [명사]

표대 =길거리.

* 길거리 : 사람이나 차가 많이 다니는 길.

조대 ① 큰길의 량옆으로 집들이 줄지어 많이 늘어서있는 지대 또는 도시의 큰길.

❷ 시나 시의 구역안에 구획된 동보다 큰 단위.

③ 사람이나 차가 많이 다니는 곳 또는 그러한 큰길.

④ =장거리.

* 장거리 : 장이 서는 거리.

❺《도시》를 농촌에 상대하여 이르는 말.

'거리'는 '길거리'와 같은 말로 남북에서 모두 쓰인다. 한편 북에서는 "시나 시의 구역 안에 구획된 동보다 큰 단위"를 가리키는 말로도 쓰는데, 이는 행정 구획상의 단위는 아니지만 '평양시 중구역 창광**거리**에 위치한 중앙당 간부아파트들'과 같이 주소를 말할 때 요긴한 표지가 된다. 남에서도 '서울시 마포구 마포대로 136'의 '마포대로(路)'처럼 주소 표기에 '거리' 개념을 가져다 쓴다.
또한 북의 사전에서는 '거리'가 "도시를 농촌에 상대하여 이르는 말"로도 쓰이는 것으로 되어 있으나, 현대 북의 언어생활에서는 사용 빈도가 매우 낮다.

예문

북 · 아직 석대가 남았군. 이건 우리 **거리**가 해방된 다음에 다시 한자리에 모여 한 모금씩 피웁시다.《김형지 : 적후의 별들》

· 농촌에 시집온 **거리**의 고급재봉사.《조대》

· 평양시 중구역 승리**거리**의 세개 동.《조대》

ㄱ

거접 (居接) [명사]

표대 잠시 몸을 의탁하여 거주함.

조대 ① 몸을 의탁하여 자리잡고 사는것.

❷ 가까이 접근하는것.

"몸을 의탁하여 거주함"의 뜻으로는 남북에서 모두 쓰인다. 북에서는 "가까이 다가가는 것"의 뜻으로도 쓰인다. 이런 경우 남에서는 '접근(接近)'을 주로 쓴다.

예문

남 · 편장인 성님이 십사도구로 가서 한동안 **거접**을 해야겠소.《김주영 : 야정》

북 · 가게방* 으로 오랑캐가 **거접**을 못하게 하라구.〈충성의 한길에서〉

· 경찰들도 함부로 **거접지** 못하는 사람이다.《그리운 조국산천》

· 핀잔을 주어 **거접하지** 못하게 하다.《조대》

참고

남 · 어느 누구도 당숙모한테 **접근**을 못하고 엉거주춤 뒤로 물러서기만 했다.《윤흥길 : 무지개는 언제 뜨는가》

* 남측에서는 '가겟방', 북측에서는 '가게방'이라고 한다.

건건이 [명사]

표대 ① 변변치 않은 반찬. 또는 간략한 반찬.
② 음식이 싱겁지 않도록 짠맛을 내는 간장이나 양념장 같은 것.

조대 ① 음식이 싱겁지 않도록 짠맛을 내는 간장이나 양념장 같은것.
② 변변치 않은 반찬.
❸《그리 가깝지도 않고 그닥 신통히 여기지도 않는 친척관계에 있는 사람》을 홀하게 이르는 말.

"변변치 않은 반찬"이나 "음식이 싱겁지 않도록 짠맛을 내는 간장이나 양념장 같은 것"을 가리키는 말로는 남북에서 모두 쓰인다. 북에서는 음식과 무관하게 "그리 가깝지 않는 친척"을 가리키는 말로도 쓰인다. 이와 비슷한 남녘말로, 친족 관계를 맛에 비긴 '건건찝찔하다'를 들 수 있다.

예문

남 · 여름이면 배추, 무우 구경을 못하고 김장 때 짜게 절여 둔 짠무김치가 주된 **건건이** 행세를 했었다.《한무숙 : 만남》
· 쌀밥에는 **건건이** 같은 것은 아예 없어도 좋은 것이다.《홍성원 : 기찻길》

북 · 그래도 노상 남보다 나으려니 하고 외켠으로 **건건이**되는 … 어느 친척의 돈을 돌려 근근호구를 하며 살아왔었다.《백일홍》

참고

《표대》 건건찝찔하다 [형용사]
① 약간 짜기만 하고 감칠맛이 없다.
②【…과】('…과'가 나타나지 않을 때는 여럿임을 뜻하는 말이 주어로 온다) (놀림조로) 촌수가 아주 멀거나 친분은 있으나 가깝지는 아니하다.

남 · 사고무친으로 살았건만도 숨 거두니까 예서 제서 사돈의 팔촌입네 죽을 때 물 떠 넣었네 하고 **건건찝찔한** 연줄들이 나타나 쓸 만한 건 다 집어 가고… .《박완서 : 미망》

건주정 (乾酒酊) [명사]

표대 술에 취한 체하고 하는 주정.

조대 ① (실지로는 취하지 않고서) 일부러 취한체 하는 주정.

❷《어쩔수 없다고 생각하면서도 부리는 불평》을 비겨 이르는 말.

"술에 취한 체하고 하는 주정"이라는 뜻으로는 남북에서 모두 쓰인다. '강주정'이라고도 한다. 북에서는 술과 상관없이, "어쩔 수 없다고 생각하면서도 늘어놓는 불평"이라는 뜻으로도 쓰인다. '강주정'과 같이 '주정'이 붙은 북녘말로는 '밥주정', '잠주정' 등이 있는데, 이는 남의 '밥투정', '잠투정' 정도와 대응한다.

예문

남 · 술을 많이 마셨지만 깨어 가고 있던 참이었는데 **건주정**이라도 하고 싶었습니다.《황석영 : 오래된 정원》

· 흠, 술도 안 먹고 **건주정**이야.《손소희 : 남풍》

북 · 강덕보는 그 울상을 보자 취중에도 미안한 생각이 들어 손을 허공에 뻗치며 부러 더 **건주정**을 했다.《최창학 : 삶의 궤도》

· 그는 상대의 인끔* 을 떠보려 했던 자기의 **건주정**은 끝나고 이제부터 이야기는 시작이라는듯 정중하게 말을 계속하였다.《허문길 : 포성없는 전구》

· 자기가 아무리 떠들썩하게 곤난한 형편과 딱한 립장을 렬거한다 해도 … 그것은 속이 뻔한 **건주정**이였다.** 《시대의 탄생》

---

* 남측에서는 '인금', 북측에서는 '인끔'이라고 한다.

** 남측에서는 '곤란하다', '입장', '열거하다', 북측에서는 '곤난하다', '립장', '렬거하다'라고 한다.

걷어안다 [동사]

표대 거두어서 품에 안다.

조대 ① 걷어서 품에 안다.

② 소중히 품어주거나 거느리다.

❸ (책임이나 일거리를) 한사람이 또는 한 단위가 도맡다.

"거두어서 품에 안다"라는 뜻으로는 남북에서 모두 쓰인다. 북에서는 "책임이나 일거리를 한 사람이나 한 단위가 도맡다"라는 뜻으로도 쓰인다. 남에서는 '끌어안다'에 이와 같은 의미가 있다.

예문

남 · 내 몸 챙긴다는 사람이 이토록 일을 **끌어안고** 있어? 《김민기 : 문 밖의 어머니》

북 · 온 탄광일을 **걷어안고** 이렇게 자기 한몸을 아끼지 않는 김관복동무이기에 탄부들은 그를 《명예지배인》이라고 부르기도 하였다. 〈조명기 : 새로운 모습〉

· 학과경연을 앞두고 5소년단반애들의 전반수준을 올리기에도 숨이 가쁜 이때 당장 떠날 애의 학습수준까지 **걷어안고** 언제 관심을 돌려준단말인가. 《최영호 : 좋은 동무》

· 혼자 **걷어안고** 뭉개던 사업방법을 고치고 조직사업을 짜고드니* 일이 잘 풀려나갔다. 《조대》

---

* 짜고들다 : (어떤 일을 해내기 위하여) 단단히 잡도리를 하거나 미리 빈틈없는 계획을 세우고 달라붙다. 《조대》

ㄱ

걸음새 [명사]

표대 걸음을 걷는 본새.

조대 ① 걸음을 걷는 모양새.

② 걷는 품.

❸《일을 해나가는 모양새나 잡도리》를 비겨 이르는 말.

"걸음을 걷는 모양새나 품"이라는 뜻으로는 남북에서 모두 쓰인다. 북에서는 "일을 해 나가는 모양새"를 비유적으로 이르는 말로도 쓰는데 남에서는 이에 대응하는 말로 '걸음걸이'가 있다. '걸음걸이'는 북에서도 쓰인다.

예문

남 · 그러한 **걸음걸이**로는 큰일을 하기 어렵다.《표대》

북 · 그는 기타는 능숙히 타지만 건설장의 숨결에는 호흡을 맞추지 못하고있단말이요. 자기의 조심스런 **걸음새**를 조금도 변경하려 하지 않고있으니….《김명진 : 요구》

· 어제 하나를 했으면 오늘은 두개, 래일* 은 세개, 온 나라가 지금 그런 준마를 탄 기세로 달리지 않습니까. 우리도 그 **걸음새**에 맞춰야지요. 〈로정법 : 시대의 발걸음〉

* 남측에서는 '내일', 북측에서는 '래일'이라고 한다.

검진 (檢診) [명사]

표대 건강 상태와 질병의 유무를 알아보기 위하여 증상이나 상태를 살피는 일.

조대 ①《의학》 병과 건강상태를 판정하기 위한 진찰. 건강검진, 종합검진, 예방검진, 전문과 검진, 정기검진, 집단검진 등이 있다.

❷《법률》 범죄사건과 관련있는 사람의 몸에서 범죄적흔적을 찾아내거나 그 사람의 정신적, 육체적기능상태를 확정하는 법기관의 활동.

"의사가 환자의 건강 상태나 병을 살펴보는 일"이라는 뜻으로 남북에서 모두 쓰인다. 북에서는 "피의자의 몸에서 범죄의 흔적을 찾아내거나 그 사람의 육체적, 정신적 상태를 확정하는 법기관의 활동"을 의미하는 법률 전문어로도 쓰인다.

예문

남 · 나는 서울에 소재한 종합 병원까지 **검진**을 받으러 다녔다.《김숨 : 간과 쓸개》

· 난 이제 술을 마셔도 돼. 오늘 **검진** 받았어. 치료는 끝났어.《강석경 : 밤과 요람》

· 선생은 줄담배로 유명한데, **건강 검진**에서 정상이라는 의사 소견을 접한 뒤 좋아서 하는 일엔 탈이 없는 모양이라며 웃으셨던 기억이 떠올랐다.《박세현 : 설렘》

제보 · 피의자의 **검진** 의뢰를 위해 법기관 일군* 들이 곧 도착할 예정입니다.

참고

《조대》 법기관 [명사]

①《사법, 검찰, 보안기관》을 통털어 이르는 말.

② = 사법기관

* 남측에서는 '일꾼', 북측에서는 '일군'이라고 한다.

경유 (經由) [명사]

표대 ① 어떤 곳을 거쳐 지남.

② 사무 절차에서 어떤 부서를 거쳐 지남.

조대 ① (어떤 곳을) 거쳐서 지나는것.

❷ 거치거나 지내온 과정의 까닭.

③ (어떤 절차를) 밟아 거치는것.

"어떤 곳이나 절차를 거쳐 지나는 것"이라는 뜻으로는 남북에서 모두 쓰인다. 북에서는 "거치거나 지내온 과정의 까닭"이라는 뜻으로도 쓰인다. 남에서는 이 뜻으로 '경위(經緯)'가 주로 쓰인다. '경위'는 북에서도 쓰이는 말이다.

예문

북 · 뜻깊은 이날에 먼곳에 계시는 어머니가 여기까지 오게 된 **경유**에 대해서도 사소한 의문이 가지 않았다.《스승을 알라》

· 화상을 당한 **경유**를 듣다.《조대》

참고

남 · 그들의 눈과 아버지 모습을 보자 내가 풀려나는 **경위**를 알 것 같았다.《송기숙 : 오월의 미소》

· 사고의 **경위**를 굳이 알고 싶었던 것은 아니었다.《정종명 : 아무도 죽지 않는다》

고대 [부사]

표대 ① 이제 막.
② 바로 곧.

조대 ① 이제 방금 또는 곧.
❷ 바로 가까이.
❸ 명사로도 쓰인다.

"지금 막" 또는 "바로 곧"의 의미로는 남북에서 모두 쓰인다. 북에서는 시간 개념어가 공간 개념어로 전이되어 "바로 가까이"라는 뜻으로도 쓰인다. 또한 부사가 아닌 명사로 쓰여 "바로 가까운 곳"을 가리키는 경우도 있다.

예문

남 · 집 안팎 광경들을 통해서 나는 건우 어머니가 꽤 부지런하고 친절한 여성이라는 것을 **고대** 짐작할 수가 있었다. 《김정한 : 모래톱 이야기》

북 · 골짜기에 할미꽃이 방실거리고 **고대** 시내가* 에 윤기흐르는 버들가지가 하느적거린다. 《조대》

· 멀다면 몰라도 **고대**인데 인차** 갔다오지요. 《조대》

· 월평땅에서 왔다고 하니 강을 건너 **고대**인줄로만 알았던것이다. 《고병삼 : 생명》

---

* 남측에서는 '시냇가', 북측에서는 '시내가'라고 한다.
** 남측에서는 '이내', 북측에서는 '인차'라고 한다.

고이다 [동사]

표대 ① =괴다①

② =괴다②

③ =괴다③

* 괴다①: 기울어지거나 쓰러지지 않도록 아래를 받쳐 안정시키다.
괴다②: 의식이나 잔칫상에 쓰는 음식이나 장작, 꼴 따위를 차곡차곡 쌓아 올리다.
괴다③: 웃어른의 직함을 받들어 쓰다.

조대 ① 무엇으로 밑을 받치다.

② (그릇에 떡, 과일, 반찬, 남새 등을) 차곡차곡 쌓아 담다.

"기울거나 쓰러지지 않도록 아래를 받쳐 고정되게 하다"라는 뜻으로 남북에서 모두 쓰인다. 또한 "그릇에 음식을 차곡차곡 쌓아 올리다"라는 뜻으로도 남북에서 같이 쓰인다.

북에서는 "뇌물을 주다"라는 의미로도 쓰이는데, 노동당 입당, 출세 등을 위하여 당 간부나 상사에게 뇌물을 주는 행위를 가리킨다.

예문

북 · 크게 **고이는** 자에게는 큰 벼슬을, 작게 **고이는** 자에게는 그 값에 해당한 벼슬을 줌으로써 권세를 탐내는 자들로 하여금 마소에 재물을 떠싣고 끊임없이 찾아오도록 만들어놓았던것이다.《리빈 : 희세의 명화》

고착 (固着) [명사]

표대

① 물건 같은 것이 굳게 들러붙어 있음.

② 어떤 상황이나 현상이 굳어져 변하지 않음.

❸ 『심리』 특정한 대상이나 생각에 집착하여 벗어나지 못함. 또는 그런 상태. 이전의 발달 단계에서 적절했던 대상이나 생각이, 발달이 진행되어 다른 생각이나 행동이 요구되는데도 그 이전의 상태에 머무르는 일이다.

조대

① 자리를 옮기지 않고 한곳에 들어붙어있는것.

❷ 한자리나 한가지 직업에 오래 그대로 있는것.

❸ (성과나 경험을) 일반화하고 그것이 변동이 없도록 굳건히 하는것.

"물건 같은 것이 굳게 들러붙어 있거나 상황이 굳어져 변하지 않는 것"이라는 뜻으로는 남북에서 모두 쓰인다. 남에서는 심리 전문어로, "특정한 대상이나 생각에 집착하여 벗어나지 못하는 상태"를 두고 '고착'이란 용어를 쓴다. 한편 북에서는 "직책이나 직업을 바꾸지 않고 한곳에 오랫동안 머물러 있는 것"이라는 뜻으로도 쓰인다. 또 "성과나 경험 등을 일반화하고 그것이 변동이 없도록 굳건히 하는 것"이라는 뜻으로도 쓰인다. 이렇듯 '고착'이 상황과 관련될 때 북에서는 다소 긍정적인 어감으로 쓰이는 것으로 보이는데, 남에서는 대체로 부정적인 어감으로 쓰인다.

예문

남 · 나의 편집광적인 **고착**이 그녀를 지치게 한다는 것을 나는 너무도 잘 알고 있었다.《이화경 : 수화》

· 차떼기와 땅 투기의 썩은 정신을 **고착화시켜** 온 낡은 정치인들의 타락한 위상을 깨끗이 청산하려 하고, 그렇게 함으로써 참된 지도자상을 확립하고 싶습니다.《안정효 : 솔섬》

북 · 달성한 성과에 대한 법적**고착**.《조대》

· 문화어규범을 전면적으로 세워야 민족어의 발전에서 이룩된 모든 성과들을 규범으로 **고착시키고** 공고화할수 있다.〈박수영 : 민족어를 발전시킨 경험〉

· 크게 확대되여 화면에 **고착되는** 초롱꽃, 눈물을 쏟는듯 고개를 푹 숙인 꽃송이우* 에 점점 울음이 내돋치는 처녀의 목소리.《안홍윤 : 인민행렬차》

· 평양화력발전소 타빈직장에서는 타빈운전공들을 **고착시키는** 사업을 잘하고 있다.** 〈유택규 : 운전공을 고착시키니 무엇이 좋은가〉

· 30여년간 외교부 법률부서에 **고착되여** 일하고있는 성실한 일군, 그에게도 근심이 있고 아픔이 있다.〈정기종 : 력사의 대하〉***

* 남측에서는 '위', 북측에서는 '우'라고 한다.
** 남측에서는 '터빈', 북측에서는 '타빈'이라고 한다.
*** 남측에서는 '일꾼', '역사', 북측에서는 '일군', '력사'라고 한다.

고치* [명사]

표대 물레를 돌려 실을 뽑으려고 만들어 놓은 솜방망이.

조대 ① 실을 켜기 위하여 솜을 얇게 펴서 둥글게 말아놓은것.

❷ 하늘에서 성글게 떨어지는 눈송이나 비방울 같은것.

③ 이름수의 단위로 쓰인다.

"물레를 돌려 실을 뽑으려고 만들어 놓은 솜방망이"라는 뜻으로는 남북에서 모두 쓰인다. 북에서는 "하늘에서 성글게 떨어지는 눈송이나 빗방울"을 가리키는 말로도 쓰인다.

한편 북의 사전에는 눈송이나 빗방울을 세는 단위 명사로의 쓰임이 올라 있으나, 현대 북의 언어생활에서는 '두 꼬치', '세 꼬치'와 같은 단위 명사로서의 쓰임은 거의 없는 것으로 보인다. '비 한**꼬치**, 눈 한**꼬치**'와 같이 '한꼬치'라는 표현만 확인되는데, 북의 "비가 한**꼬치**도 안 오네."라는 표현은 남의 "비가 한방울도 안 오네." 정도와 대응한다.

예문

북 · 이 봄에 잡아들면서 비는 한**꼬치**도 내리지 않는다.《황민 : 푸른숲》

· 재빛** 으로 흐려서 무겁게 드리운 하늘에서는 푸실푸실 눈**꼬치**가 날리더니 점심때부터는 싸락눈이 우주공간을 가득 메우며 쏟아져내렸다.《박태민 : 성벽에 비낀 불길》

* 북에서는 '꼬치'라고 한다.

** 남측에서는 '잿빛', 북측에서는 '재빛'이라고 한다.

곡선 (曲線) [명사]

표대

① 모나지 아니하고 부드럽게 굽은 선.

② 『수학』 점이 평면 위나 공간 안을 연속적으로 움직일 때 생기는 선. 좁은 뜻으로는 그 가운데에서 직선이 아닌 것을 이른다.

조대

① 굽거나 휘여진 선.

❷ 〈어떤 일의 진행이 순조롭지 못한 상태〉를 비겨 이르는 말.

"부드럽게 굽은 선"이라는 뜻으로는 남북에서 모두 쓰인다. 북에서는 "일의 진행이 순조롭지 못한 상태"를 비유적으로 이를 때에도 '곡선'을 쓴다. 이에 대응하는 남녘말로는 '굴곡(屈曲)'이 있다.

'곡선'에서 보이는 남북 의미 차이는 '직선'에서도 발견된다. '직선'은 "곧게 뻗은 선"이라는 뜻으로 남북에서 모두 쓰이는데, "일의 진행이 순조로운 것"을 비유하는 말로는 북에서만 쓰인다.

예문

남 · 부모들 역시 재산 관리는 잘했지만 가풍이 없는 탓으로 하인 부리는 데 **굴곡**이 많아 돌아서면 빈축을 사기 일쑤였다. 《박경리 : 토지》

· 어쩌면 우리네 삶도 **굴곡지면 굴곡진** 만큼 더 깊어지는 것은 아닐까. 《함민복 : 군내 버스》

북 · 사형을 래일로 앞둔 날 밤 김종태동지는 밤새도록 달빛이 흘러드는 철창가에서 자기의 한생을 랭정하게 결산해보았다. 자기 인생의 길에는 **곡선**도 있었고 **직선**도 있었다.* 〈영원한 삶〉

* 남측에서는 '내일', '냉정하다', 북측에서는 '래일', '랭정하다'라고 한다.

참고

《조대》 직선 [명사]

① 꺾이거나 휜데가 없는 곧은 선.

②《어떤 과정이 우여곡절이 없이 순조롭게 진행되거나 발전하는것》을 비겨 이르는 말.

③《생각하는바를 에두르거나 주저함이 없이 직방 곧바로 말하는것》을 비겨 이르는 말.

[북] · 발전은 과연 **직선**으로만 이루어질것인가? 라선형으로도 지그자그형으로도 이루어지지만 우리 나라에서처럼 비약으로도 이루어진다.**《백양나무》

** 남측에서는 '나선형', '지그재그', 북측에서는 '라선형', '지그자그'라고 한다.

공개방송 (公開放送) [명사]

표대 방송국의 스튜디오나 강당 따위 방송을 제작하는 자리에 방청객을 모아 놓고 실제의 방송 상황을 보이면서 하는 방송.

조대 마이크를 직접 군중들속에 내다놓고 그들의 광범한 참가밑에 진행하는 방송. 경제선동과 정치선전에 널리 리용한다.

'공개방송'은 남북에서 모두 쓰이나 북은 방청인의 광범하고 직접적인 참여를 전제한다는 점이 남과 다르다. 북녘말 '방송야회'는 '공개방송'의 대표적 예인데, 남에서는 쓰이지 않는다.

예문

남 · 내가 **공개방송**을 진행했을 때 고교 합창단이 '생명의 양식'과 '이상'이란 곡을 합창으로 불렀다.《이규항 : 0의 행복》

· 〈○○○ 라디오〉의 인기 코너죠. 그대에게 부르는 노래. 오늘은 처음으로 **공개방송**으로 진행됩니다. … 여섯 번째 주인공이 지금 제 옆에 있습니다.《이재익 : 원더풀 라디오》

북 · **공개방송**의 대표적형태는 **방송야회**이다.《조대》

· 일본에 있는 시누이를 통하여 남편이 살아있다는 소식을 듣고 안해* 박소옥이 자기 남편 강한무한테 보내는 **공개방송**편지였다.《백현우 : 삶의 보람》

· 텔레비죤방송편집물들로서는 텔레비죤**방송야회**, 텔레비죤경연무대, 텔레비죤좌담회, 텔레비죤문답, 텔레비죤상식, 텔레비죤시사해설 등과 같이 사회자와 출연자, 그리고 시청자들과의 교감속에 펼쳐지는 **공개방송**형식의 텔레비죤방송편집물들이 속한다.〈리현철 : 입말형상을 전제로 한 텔레비죤방송문체〉**

참고

《조대》 방송야회(放送夜會) [명사]

많은 군중을 모여놓고 하는 공개방송의 하나. 방송원의 사회밑에 참가자들에 의한 선동과 토론, 예술공연 등을 배합하여 진행한다.

북 · 지금 하옥경은 **방송야회**에 참가하기 위하여 새벽차를 타려고 역으로 가는길이다.《리영환 : 새벽노을》

---

* 남측에서는 '아내', 북측에서는 '안해'라고 한다.

** 남측에서는 '텔레비전', 북측에서는 '텔레비죤'이라고 한다.

공먹다 (空--) [동사]

표대 ①【…을】=거저먹다.

* 거저먹다 : 힘을 들이지 아니하고 일을 해내거나 어떤 것을 차지하다.

…

조대 ① 공짜로 먹다.

❷ 비용이 보람없이 공으로 들어가다.

❸ 톱 같은것이 켜지지 않고 헛돌다.

"아무런 힘도 들이지 않고 어떤 것을 해내거나 차지하다"라는 뜻의 타동사로는 남북에서 모두 쓰인다. 이 의미로 남에서는 '거저먹다'가 자주 쓰인다. 북에서는 '공먹다'가 자동사로도 쓰여 "비용이 보람 없이 들어가다", "톱 같은 것이 제구실을 하지 못하고 제자리를 돌다"라는 의미로도 쓰인다. 후자에 대응하는 남녘말로는 '헛돌다' 정도가 있다.

예문

남 · 수고는요, 남의 돈 **거저먹나요**.《박완서 : 한 말씀만 하소서》

· 톱날이 제자리에서 **헛돌면서** 꺾일 듯 휘었다.《하성란: 푸른수염의 첫 번째 아내》

제보 · 나의 노력이 **공먹어** 슬프기 그지없다.

· 톱이 **공먹자** 그는 화가 나 스위치를 꺼버렸다.

공장 (工場) [명사]

표대 원료나 재료를 가공하여 물건을 만들어 내는 설비를 갖춘 곳.

조대 ① 사회적생산조직을 분업에 따라 나눈 가공공업의 기본단위.

❷ 닭, 돼지를 비롯한 집짐승과 버섯과 같은 식물체를 현대적인 공업적방법으로 생산하는 단위.

"일정한 설비를 갖추고 원료나 재료를 가공하여 물건을 만드는 곳"이라는 뜻으로는 남북에서 모두 쓰인다. 북에서는 "집짐승이나 버섯과 같은 작물을 기계화된 현대적 설비를 갖추고 공업적인 방법으로 기르는 곳, 또는 그런 건물"이라는 뜻으로도 쓰인다. 따라서 북에서는 '돼지공장', '닭공장' 같은 말이 쓰이는데, 남에서는 이에 대응하는 말로 '양돈장', '양계장'이 쓰인다. 한편 남에서는 이러한 방식의 농·축산업을 '공장식 농장/목장/축산'이라고 한다.

예문

남 · 이런 **공장식 농업**이 진짜농사라고 할 수 없지요.《김종철 : 마을 문화를 되찾아서》

· 장래에 현실로 나타날지 모를, 흙을 아예 무시한 **공장식 실내 농법**, 유전 공학 농법에 환상적인 기대를 품기도 합니다.《천규석 : 이 땅덩이와 밥상》

북 · 사료기지도 사료기지거니와 잘 꾸려놓은 **돼지공장**이며 **닭공장**은 실로 볼만한것이였다. 〈연만성 : 쇠돌장훈이!〉

· 새로 건설한 **닭공장**으로 가는 길은 석비레다짐을 어떻게나 알뜰하게 하였는지 포장도로가 울고갈 지경이였다. 〈김영희 : 냉이〉

북의 '닭공장'

공항 (空港) [명사]

표대 항공 수송을 위하여 사용하는 공공용 비행장. 주로 민간 항공기와 같은 정기 항공기의 이착륙에 사용한다. 일반 여객과 화물의 수송을 주목적으로 하며 활주로, 유도로, 관제탑, 격납고, 급유·정비 시설, 여객·수하물·화물을 처리하는 시설 따위를 갖추고 있다.

조대 ⇒ 비행장.

"비행기가 뜨고 내리는 곳"을 이르는 말로 '공항'과 '비행장'이 있다. 남에서는 '공항'과 '비행장'을 구분하여 쓰는데, "일정한 항로를 비행하는 정기 항공기의 이착륙에 사용하는 곳"을 '공항'이라 하고, "비행기가 뜨고 내리고 머물 수 있도록 시설을 갖춘 곳"은 '비행장'이라고 한다. 북의 사전에도 '공항'과 '비행장'이 모두 올라 있으나 남에서 '공항'이라 이르는 곳을 북에서는 '평양비행장, 신의주비행장, 혜산비행장'과 같이 주로 '비행장'이라고 한다.

예문

남 · **공항**까지 두 시간, 거기서 다시 비행기를 타고 두 시간, 서울은 거기에 있었다. 《한수산 : 타인의 얼굴》

· 때맞춰 ○○○기가 **공항**에 착륙하기 위해 **공항** 위를 맴돌고 있었다. 《김성종 : 제5열》

북 · 낮에 **공항**에 마중 나왔던분들이 구면처럼 맞아주었는데 고위간부인 림성춘씨가 내 곁에 앉았습니다. 《김원종 : 인생의 흐름》

· **비행장**에 바래주러 나왔던 서주섭이 오선지를 그의 주머니에 넣어주며 하던 말이 떠올랐다. 《함용길 : 은반우* 의 오각별》

· 축구단 단장이 그들을 맞이하려고 **비행장**에 나갔다. 《송병준 : 비수》

* 남측에서는 '위', 북측에서는 '우'라고 한다.

▎북의 '평양국제비행장' 가는 길

구급차 (救急車) [명사]

ㄱ

표대 위급한 환자나 부상자를 신속하게 병원으로 실어 나르는 자동차.

조대 위급한 환자나 부상자를 태우기 위하여 구급소나 병원에 갖추어두는 자동차.

"위급한 환자나 부상자를 병원으로 나르는 차"라는 뜻으로는 남북에서 모두 쓰인다. 남에서는 '응급차', '앰뷸런스'라고도 하고, 북에서는 '(구급)위생차'라고도 한다. '위생차'는 "쓰레기를 치우는 자동차"라는 뜻으로 남북에서 모두 쓰이지만 '구급차'의 의미로는 북에서만 쓰인다.

예문

남
- 강주에 대한 염려와 죄책감이 일어난 건 그 뒤 **구급차** 속에서 저를 재촉하는 듯한 불안한 **앰뷸런스** 소리를 들으면서였다.《강석경 : 내 안의 깊은 계단》
- 하얀 병원 **응급차** 한대가 빨간불을 켜고 지나갔다.《김채원 : 저문 날 허공에》

북
- 좀 후에 빨간 십자표식을 머리에 인 **구급차**가 왔다. 〈로종익 : 가장 귀중한것〉
- 집안에 소동이 벌어지고 곧 **구급차**가 달려왔다. 〈김룡태 : 할아버지와 손자〉
- 리인호가 기침을 콜록콜록하면서도 부득부득 고집을 쓰며 사격장에 따라나갔다가 거기에 나와있던 은애간호장* 의 눈에 걸려들어서 **위생차**에 실려갔다.《김대성 : 대결》
- 전상자들을 실으러 갔던 **위생차**가 도착하여 간호장도 다른 사람들과 함께 달려갔다. 〈박성전 : 담당간호원〉

북의 '구급차'. 오른편의 차는 주로 군대에서 쓰인다.

* 남측에서는 '수간호사', 북측에서는 '간호장'이라고 한다.

구호 (口號) [명사]

표대 집회나 시위 따위에서 어떤 요구나 주장 따위를 간결한 형식으로 표현한 문구.

조대 대중을 조직동원하기 위하여 일정한 사상, 과업, 요구 등을 간결한 형식으로 나타낸 짤막한 호소 또는 그것을 표현한 글.

"집회나 시위 등에서 외치는 간결한 문구"라는 뜻으로 남북에서 모두 쓰인다.

그런데 동사와의 결합에서 남북이 차이를 보이는데, "구호를 크게 내지르는 것"을 두고 남에서는 '구호를 외치다'라고 하는 반면, 북에서는 '구호를 부르다'라고 표현하는 것이다. 북에서도 '구호를 웨치다'* 가 쓰이지만 '구호를 부르다'의 쓰임이 더 많다.

예문

남
- 손뼉을 두드리고, 만세를 부르고, **구호를 외친다**. 《임철우 : 봄날》
- 저 앞쪽에서 머리띠 두른 수십 명의 학생들이 차도로 뛰어들며 격렬한 몸짓으로 **구호를 외친다**. 《현기영 : 위기의 사내》

북
- 그 녀학생** 은 뒤로 몸을 홱 돌리며 **구호를 웨쳤다**. 《김형균 : 총석정》
- 선전차가 힘찬 **구호를 부르며** 지나갔다. 《최윤의 : 시대의 화폭속에서》
- 해동인 가슴이 후련하도록 목청껏 **구호를 불렀다**. 〈박종상 : 하늬바람〉

---

* 남측에서는 '외치다', 북측에서는 '웨치다'라고 한다.

** 남측에서는 '여학생', 북측에서는 '녀학생'이라고 한다.

굴리다 [동사]

ㄱ

표대 ① '구르다'의 사동사.

* 구르다 : 물체가 어떤 면 위에서 일정한 방향으로 몸 전체가 돌면서 나아가다.

② 물건을 잘 간수하지 아니하고 아무렇게나 함부로 내버려 두다.

❸ 차를 가지고 부리어 쓰다.

❹ 돈놀이 따위를 하며 돈을 운용하다.

⑤ 좋은 방법을 찾기 위해 생각을 이리저리 하다.

…

조대 [1] 《구르다》의 시킴형.

[2] ① 잘 다루지 않고 함부로 버려두다.

② (나무토막따위를) 모를 내지 않게 하기 위하여 돌려가면서 깎다.

③ (생각을) 이리저리 곱씹어하다.

❹ (글 같은것을) 여러번 다듬다.

…

"물체가 어떤 면 위에서 일정한 방향으로 몸 전체를 돌리면서 나아가게 하다"라는 기본 의미는 남북에서 모두 쓰인다.

남에서는 '굴리다'가 '차'나 '돈'과 함께 쓰여 "승용차를 소유하여 운행하다"나 "(주로 금액을 불리기 위하여) 돈을 운용하다"라는 뜻으로도 쓰인다. 이때는 대체로 부정적이거나 속된 어감을 지닌다.

한편 북에서는 '굴리다'가 '글'과 함께 쓰여 "글 같은 것을 여러 번 다듬다"라는 뜻으로도 쓰인다.

예문

남 · 고급 차를 **굴릴** 곳이 마땅찮다. 《최일남 : 풍경》

· 그들은 서울로 가서 괜찮은 집을 사고, 차도 좀 큰 것을 **굴렸다**. 《장돈식 : 빈산엔 노랑꽃》

· 돈을 **굴리는** 데 이골이 난 숙부라 집 같은 거 사는 데 돈을 들이고 싶어 하지 않았다. 《박완서 : 그 많던 싱아는 누가 다 먹었을까》

· 인감도장 하나만 가지고 앉아서 몇 백대의 현찰을 **굴려** 불리는 배포이고 보니. 《이문구 : 장한몽》

북 · 초고를 여러번 **굴리다**. 《조대》

궁전 [명사]

표대 =궁궐.

* 궁궐 : 임금이 거처하는 집.

조대 ❶ 어린이들이나 근로자들을 위하여 여러가지 교양수단들과 체육, 문화시설들을 갖추고 정치문화교양사업을 하는 크고 훌륭한 건물.

② 낡은 사회에서, 왕이나 왕의 집안이 들어사는 큰 건물.

"왕이나 왕족이 거처하는 집"이라는 의미로는 남북에서 모두 쓰인다. 북에서는 "어린이나 근로자들을 위하여 여러 교양 수단과 체육, 문화 시설 등을 갖추고 정치·문화·교양 사업을 하는 건물"이라는 뜻으로도 쓰인다. 실제로 북측의 '궁전'에는 정치·문화·교양 사업을 위한 연구실, 도서관, 체육관, 전시회장 등이 갖추어져 있다.

예문

북 · 금철이는 … 땅우에서나 물우에서나 씽씽 달릴수 있는 희한한 자동차설계도를 안고가는 길이였습니다. 희망의 **궁전**에서는 해마다 발명축전을 진행하군 하는데 가장 우수한 발명품을 내놓은 사람에게는 축전의 최고상인 불꽃훈장을 수여하였습니다.* 《리성칠 : 불꽃훈장》

· 이날 **인민문화궁전**에서는 인민소비품전시회가 있었다. 〈박능숙 : 언제나 그날의 영광을 잊지 않고〉

· 이밤 **학생소년궁전** 건설장 마당에서도 역시 마감 전투가 힘있게 벌어지고있었다. 〈오광호 : 오늘의 거리를 찾아서〉

* 남측에서는 '위', 북측에서는 '우'라고 한다.

북의 '만경대학생소년궁전'

그 [대명사]

표대 ❶ 말하는 이와 듣는 이가 아닌 사람을 가리키는 삼인칭 대명사. 앞에서 이미 이야기하였거나 듣는 이가 생각하고 있는 사람을 가리킨다. 주로 남자를 가리킬 때 쓴다.

② 앞에서 이미 이야기하였거나 듣는 이가 생각하고 있는 대상을 가리키는 지시 대명사.

…

조대 ① 말하는 사람에게서 좀 떨어져있거나 또는 이미 말하였거나 알려진 대상을 가리키는 말.

② 《말하는 사람과 듣는 사람밖의 사람》을 가리키는 말.

…

"말하는 이와 듣는 이가 아닌 다른 사람을 가리키는 삼인칭 대명사"로 남북에서 모두 쓰인다. 지칭하는 대상은 남자일 수도 있고 여자일 수도 있지만 남에서는 주로 남자를 가리킬 때 '그'를 쓰고, 여자를 가리킬 때에는 '그녀'를 쓴다. 한편 북에서는 '그'가 지칭하는 대상이 남자일 수도 있고 여자일 수도 있다. 북에서는 여자를 가리키는 말로 '그녀'를 쓰지 않기 때문에 '그'가 남자와 여자를 두루 가리키게 된 것으로 보인다.

예문

남 · **그**는 되도록이면 **그녀**를 보지 않으려고 고개를 반쯤 돌리고 서 있었다. 《문순태 : 징소리》

· **그**를 보자, **그녀**는 눈물을 빗줄기처럼 흘렸다. 《한승원 : 포구의 달》

북 · 다만 **그**는 남편 형기가 자기에게 바친 사랑과 성실성에 대해서 누구보담도 잘 알고있을따름이였다. 《정한무 : 안해*》

· 머리를 길러 이렇게 저렇게 땋아보기도 하던 **그**는 어느날 아침 생각다 못해 어머니가 입던 치마저고리를 줄여서 입고 집을 나섰다. 《민경숙 : 꽃망울》

* 남측에서는 '아내', 북측에서는 '안해'라고 한다.

극성스럽다 (極盛---) [형용사]

표대 성질이나 행동이 몹시 드세거나 지나치게 적극적인 데가 있다.

조대 ① 몹시 이악하고 억척스러운데가 있다.
② 지독하고 사납다.

"몹시 끈질기고 드세다"라는 뜻으로는 남북에서 모두 쓰인다. 주로 부정적인 맥락에서 쓰이며, 이는 남북의 사전 뜻풀이를 통해서도 확인할 수 있다. 한편 북의 말뭉치에서는 "아이들이라면 입에 넣었던것도 빼먹일만큼 그렇게 잔정이 깊고 **극성스러운** 국실이가…"〈리광식 : 래일에 사는 청년〉에서와 같이 긍정적인 맥락에서 '극성스럽다'를 쓴 용례가 종종 나타난다. 남에서도 본래 부정적인 맥락에서만 쓰이다가 중립적인 맥락이나 긍정적인 맥락까지 확대되어 쓰이는 단어들이 있다. '너무 좋다', '너무 예쁘다'의 '너무'가 이에 해당한다.

예문

남 · 미운 벌레 모로 긴다고 이건 한 돌 지난 아이의 하는 짓이 보통으로 **극성스러운** 것이 아니었다. 《전상국 : 외딴 길》
· 짖기를 멈추었던 개들이 아까보다 더 **극성스럽게** 짖어 대기 시작했다. 《황순원 : 이리도》
· 핏덩이는 **극성스럽게** 울었다. 《한무숙 : 만남》

북 · 강씨의 **극성스러운** 정성이 느껴지자 가슴이 뭉클했다. 《현희균 : 그들의 운명》
· 그는 언제한번 불평을 부리거나 실망하지 않았다. 오히려 문지기훈련에는 더 **극성스럽게** 참가하여 팀의 감독들과 동료선수들을 감동시켰다. 《장철유 외 : 푸른 잔디우에서》*
· 내게는 생명을 지켜주는 **극성스러운** 수호신이 있어. 〈홍석중 : 폭풍이 큰 돛을 펼친다〉
· 너의 **극성스러운** 지성에 가슴이 뜨거울뿐이지…. 《백현우 : 삶의 보람》
· 아바이의 **극성스런** 손길에 잘 다스러진** 산림은 질서 정연한 위병대의 서렬***을 방불케 했다. 〈안선옥 : 그들이 가는 길〉

* 남측에서는 '골키퍼', '위', 북측에서는 '문지기', '우'라고 한다.
** 다스러지다 : (물건의 표면이) 매끈하게 닳아지다. 《조대》
*** 남측에서는 '서열', 북측에서는 '서렬'이라고 한다.

급유 (給油) [명사]

표대 ① 비행기, 배, 자동차 따위에 연료를 보급함.
② 기계의 마찰 부분에 윤활유 따위의 기름을 침.

조대 (자동차, 비행기, 기계 등에) 기름을 치거나 넣는것.

"비행기, 배, 자동차 등에 연료를 넣음"의 뜻으로는 남북에서 모두 쓰인다. 남에서는 비행기나 배에 연료를 보급할 때는 '급유'를 쓰지만, 자동차에 연료를 넣을 때는 '주유'를 주로 쓴다. 북에서는 자동차의 경우도 '급유'를 쓴다. 탈것에 연료를 넣는 시설을 남에서는 '주유소'라고 하는데, 북에서는 '급유소'나 '연유 공급소'라고 한다. 또한 남에서는 '기름', '연료'를 주로 쓰는데, 북에서는 '연유'를 자주 쓴다.

예문

남 · 비행기도 쉬면서 승무원을 교체하고 **급유**를 받을 모양이고, 탑승객도 두어 시간 땅을 밟을 수 있을 것 같았다. 《박완서 : 우황청심환》

· 꿈속에서는 **주유소** 사무실에 있는 바퀴 달린 가스 곤로가 스스로 굴러 벽이나 모서리에 부딪혀 폭발하곤 했다. 《최윤 : 2마력 자동차의 고독》

북 · **연유**가 떨어져서 **급유소**에 갔다와야 할것 같습니다. 《리령철 : 아리랑》

· **연유공급소**안에는 차보다도 아이들이 더 많았다. 〈김양선 : 앞날이 없는 사람들〉

· **연유공급원**은 운전사들이 자동차를 몰고 들어오면 **연유**를 얼마나 절약했는가를 알아보고 카드에 적어넣은 다음 절약한 **연유**를 딴 그릇에 넣게 하였다. 〈짜고들어 꾸준히 내민 보람〉

북의 '연유 공급소'

긋다 [동사]

표대

[1] 【…에 …을】 ① 어떤 일정한 부분을 강조하거나 나타내기 위하여 금이나 줄을 그리다.

② 【…을 …으로】 성냥이나 끝이 뾰족한 물건을 평면에 댄 채로 어느 방향으로 약간 힘을 주어 움직이다.

❸ 물건값이나 밥값, 술값 따위를 바로 내지 않고 외상으로 처리하다.

④ 일의 경계나 한계 따위를 분명하게 짓다.

⑤ 시험 채점에서 빗금을 표시하여 답이 틀림을 나타내다.

⑥ 손이나 손가락으로 허공에 어떤 것을 그리는 동작을 하다.

[2] 【…에서 …을】 명단에서 이름을 빼거나 문장이나 글의 일부분을 삭제하다.

[3] 【…을】 활 따위를 쏘다.

조대

① 뾰족한것이나 가느다란것 또는 그밖의것으로 땅바닥이나 어떤 물체의 표면에 대고 당기여서 줄이나 자취를 내다.

② (불을 켜기 위하여) 성냥가치를 대고 당기다.

③ (한계나 구분을) 똑똑히 짓다.

❹ (숨을) 길게 쉬다.

❺ (《선창》과 결합하여 쓰이여) 먼저 나서서 시범적으로 읽거나 말하거나 노래하다.

"금이나 줄을 쭉 그리거나 자취를 남기다"라는 뜻으로 남북에서 모두 쓰인다. 이 기본 의미에서 파생된 의미들도 남북이 대체로 일치한다. 다만 남에서는 "장부에 외상 거래를 적다"라는 뜻으로도 쓰여, '외상을 긋다'와 같은 표현이 나타난다. 한편 북에서는 "숨을 길게 쉬다" 또는 "말이나 노래 등의 시범을 보이다"라는 뜻으로도 쓰인다. 이런 의미로 쓰인 '한숨을 긋다', '선창을 긋다' 등의 표현은 남에서는 찾기 어렵다.

예문

남 · 번번이 선구가 밥값을 치르고 또는 **외상을 그어** 놓고 나는 이쑤시개만 물면서 일어서곤 했다. 《서기원 : 이 성숙한 밤의 포옹》

· 여자가 계산대에 가 **외상을 그으려** 하자 주인이 외상 장부를 꺼내 보이며 실랑이가 벌어졌다. 《박소연 : 눈부처》

북 · 그는 가벼운 **한숨을 그었다**. 《황용국 : 이땅을 사랑하라》

· 마음이 어수선하여 앉아있던 효심은 괴로움을 안고 모대기는* 딸의 정상을 측은하게 바라보다가 **한숨을 그었다**. 《김응일 : 비약의 열풍》

· 석형원사는 창가로 눈길을 돌리며 꺼지게 **한숨을 그었다**. 《리규춘: 신념과 인간》

· 홍숙희는 대답대신 산판의 이깔나무** 들을 바라보며 나직이 **한숨을 그었다**. 《최성진 : 숲으로 간 사람》

· 누구인가 **선창을 그어** 노래를 불렀다. 《조대》

· 만세의 **선창을 긋다**. 《조대》

---

* 모대기다 : ①(괴롭거나 안타깝거나 하여) 몸을 이리저리 뒤틀며 움직이다.
②(어떤 문제나 생각이 풀리지 않아) 이리저리 애써 생각하다. 《조대》

** 남측에서는 '잎갈나무', 북측에서는 '이깔나무'라고 한다.

기념 (紀念, 記念) [명사]

표대 어떤 뜻깊은 일이나 훌륭한 인물 등을 오래도록 잊지 아니하고 마음에 간직함.

조대 ❶ 어떤 중요한 력사적사실이나 사건 등이 있은 날을 뜻깊게 맞이하는것.
② 어떤 뜻깊은 사실이나 사건에 대하여 잊지 않고 회상하는것.

남에서는 '기념'을 생일, 돌, 결혼 등과 함께 일상적인 맥락에서도 폭넓게 쓰지만, 북에서는 정치적 사건과 관련하여 아주 제한적으로 쓴다. 북에서는 '기념', '기념하다'를 개인적인 일에는 잘 쓰지 않으므로, '돌을 기념하다', '회갑을 기념하다'와 같은 표현이 없고, '돌을 맞이하다', '회갑을 맞이하다'와 같이 쓴다.

예문

남
- **생일을** 소중히 기억했다가, 그날을 **기념하고** 하는 규격품 인간들이 그에게는 어이없었다.《손창섭 : 신의 희작》
- 일주일쯤 지나서 찾아온 사진에는 각각 **약혼 기념**, **결혼 기념**이라고 멋 부려서 흘려 쓴 한자가 들어 있었다.《박완서 : 미망》
- 순종인지 잡종인지는 알 수 없지만 민구의 고등학교 동창이 우리가 만난 날을 **기념하기** 위해 친구들과 모였을 때, 진돗개라면서 선물로 준 것이었다.《최윤 : 숲속의 빈터》

북
- 오늘 우리 3천만 동포는 자유와 해방의 기쁨속에서 조선민족의 해방투쟁력사*에 길이 빛날 3.1운동 27주년을 **기념하게** 됩니다.《백인준 : 영원한 전우》
- 우리의 이 명절을 더욱 뜻깊게 **기념하기** 위해서도 저 등판우에 기어이 승리의 기발을 꽂고 청년절을 맞는것이 어떻습니까!** 〈리남혁 : 청년절 아침에〉

참고

북
- 오늘에 와서는 환갑나이는 별로 늙은것으로 간주하지 않고 **60돐을 맞고있다.** 〈생일차림 관습〉
- 여섯번째 **생일을 맞는** 옥이에게 엄마가 새옷을 해주었던거예요.《리성칠 : 옥이와 색동이들》

---

* 남측에서는 '역사', 북측에서는 '력사'라고 한다.
** 남측에서는 '위', '깃발', 북측에서는 '우', '기발'이라고 한다.

기만동작 (欺瞞動作) [명사]

ㄱ

표대 운동 경기에서, 상대를 속이기 위하여 취하는 동작.

조대 = 속임동작.

* 속임동작 : 《체육》 경기에서 상대편을 속이기 위하여 하는 전술적동작.

'기만동작', '속임동작'은 남북의 사전에 모두 수록되어 있는 말로 "운동 경기에서, 상대를 속이려고 취하는 동작"을 의미한다. 남에서는 이에 해당하는 말로 주로 '페인트(feint)'를 쓴다. '기만동작'과 같이 '기만'이 붙은 북녘말로는 '기만선전', '기만술책', '기만우롱'이 있다.

한편 북에서는 "주로 배구 경기에서, 공을 세게 치는 척하거나 공을 주고받는 척하다가 그물 위로 살짝 넘기는 경기 수법, 또는 그렇게 넘기는 공"을 '살짝공'이라고 한다.

예문

남 · 내 **페인트** 모션에 관장님이 주춤했다. 《김려령 : 완득이》

북 · 미리 짜고든 **기만동작**도 이것처럼 멋들어지게 상대방을 기만할수는 없었을 것이다. 《김하늘 : 함께 사는 사람들》

· 적과 싸우는데 언제 왼손으로 **기만동작**을 할새 있나. 무작정 단매에 박살을 내야 돼. 이게 바로 군대식이란 말이야. 《김익수 : 전우들에 대한 추억》

· 순간 기사장 김창근동무가 높이 조약하며 강타할듯이 **속임동작**을 하고 생산과장 리정복동무가 **살짝공**으로 그물을 넘겼다. 〈엄일교 : 체육을 생활화하여〉

· 탁구알을 길게 보낼듯한 자세를 보였다가 날쌔게 **살짝공**을 주었다. 《한정아 : 사라지지 않은 혜성》

참고

《조대》 **기만선전(欺瞞宣傳) [명사]**

사람들을 속여넘기기 위하여 거짓을 사실인것처럼 꾸며대여 선전하는것.

기만술책(欺瞞術策) [명사]

속이려는 꾀나 방법.

기만우롱(欺瞞愚弄) [명사]

업신여기여 속이며 놀리는것.

북 · 오소기마을에서는 놈들의 **기만선전**에 속아넘어간 사람이 한명도 없었으며 적들에게 한사람도 희생되지 않았다. 〈적후에서 싸운 당세포〉

· 동무는 그 어떤 악행에도 **기만술책**에도 굴하지 않았소. 〈로종익: 해빛〉

· 이는 … 간부들을 지켜보는 대중들을 **기만우롱**하고 우리 당이 세워놓은 사회적공정성을 란폭하게* 위반하는 용납할수 없는 범죄로 된다. 〈리화 : 인간의 수업〉

* 남측에서는 '난폭하다', 북측에서는 '란폭하다'라고 한다.

까다1 [동사]

표대 …

❻ (속되게) 술병 따위의 마개를 따고 마시다.

❼ (속되게) 뒤집어 보여 주다.

…

조대 [1] …

❹ 셈을 맞추어서 밝히다.

[2] ❶ 단단한것을 깨뜨리거나 부서지게 하다.

❷ 쓰지 못하게 쳐부시거나 깨뜨려버리다.

…

❺ (체육경기, 놀이 등에서) 세게 공격하여 상대편의 수를 꺾다.

"겉에 싸고 있는 것을 벗기다"라는 뜻으로는 남북에서 모두 쓰인다. 남에서는 '까다'가 속된 표현으로 '한 병 까다' 처럼 '병'과 함께 쓰여 "술을 마시다" 라는 뜻을 나타내기도 한다.

북에서는 '까다'가 '회계, 계산' 등과 함께 쓰여 "셈을 맞추어서 밝히다"라는 뜻을 나타내기도 한다.

한편 "단단한 것을 부서지게 하다", "쓰지 못하게 쳐부수다"의 뜻으로 북에서는 '까다'와 '깨다'를 모두 쓰지만 남에서는 '깨다'를 주로 쓴다. 이런 차이는 합성어에도 이어져 남의 '깨부수다'는 북의 '까부시다'에 대응한다.

예문

남 · 그들은 노변의 구멍가게에서 소주 한 병을 **깠다**. 《황석영 : 삼포 가는 길》

북 · 영식동무는 정전되기 며칠전 385고지에서 적땅크* 두대를 **까고** 희생되였습니다. 〈리상룡 : 영생의 품〉

· 우리는 주변에서 사는 농민들과 포로들까지 동원하여 칠궤를 **까고** 탄약과 수류탄을 가마니에 넣어 지게로 져서 백련산으로 날라갔다. 《김대성 : 내땅》

· 내가 원체 강령감** 의 칭찬을 받을만한 위인이 못되는것은 사실이고… 허니 제잡담하고 **회계를 깝시다**. 《415 문학창작단 : 두만강지구》

· 하긴 생쥐처럼 약고 반드러운 구끼놈이 자기가 벌은 은덩이를 제량*** 대로 고스란히 다 내놓고 **회계를 까잘리는** 만무하다. 《리유근 : 관북의병장》

---

* 남측에서는 '탱크', 북측에서는 '땅크'라고 한다.

** 남측에서는 '영감', 북측에서는 '령감'이라고 한다.

*** 남측에서는 '양', 북측에서는 '량'이라고 한다.

까다2 [동사]

ㄱ

표대 ① 몸의 살이나 재물 따위가 줄다.

❷【…을】 재물 따위를 축내다.

③【…에서 …을】 셈에서 빼다.

조대 살이 빠지고 여위여지다.

"몸의 살이 줄다"라는 뜻으로 남북의 사전에 모두 올라 있다. 북에서는 쓰임이 잦은 반면 남에서는 '(살이) 빠지다'라는 표현을 더 자주 쓴다. "체중을 줄이기 위하여 제한된 식사를 하는 것"을 남에서는 '다이어트'라고 하고, 북에서는 '살까기', '몸까기'라고 한다.

"재물을 축내다"라는 뜻은 남의 사전에만 실려 있는데, 이 의미로는 남북에서 모두 '까먹다'의 형태로만 쓴다.

"셈에서 제하다"라는 뜻은 《조선어사전》(문세영, 1938)* 에도 실려 있어 예전부터 쓰임이 있었던 것으로 보인다. 현재 북의 사전에는 해당 풀이가 올라 있지 않으나, "내가 이전에 주었던 돈이 있으니 그것을 **까고** 계산하자."와 같이 실제 쓰임이 확인된다.

예문

남

- 선금도 다 **깠고**, 빌린 돈에 외상값까지 다 쳐주며 깔끔을 떨고 나가던데요. 《이문열 : 변경》
- 신월동에 있는 모모 수산 공장은 십 분만 나갔다 와도 시간에서 **깠다**…. 《한창훈 : 홍합》

북

- 비록 볼은 **까졌으나** 눈매만은 어찌도 정기찬지 그를 어떠한 체형으로써라도 굴복시킬수 없으리라는 믿음을 느끼게 한다. 〈박태민 : 4번수〉
- 터부룩한 아들의 머리, 발그레하나 몹시 **까진**볼, 그 부드러움, 그 냄새가 이 방안과 한데 어울려 가슴이 꺽꺽 마쳐온다. 《리병수 : 붉은 지평선》
- 참 경량급으로 키로** 수를 줄일 때 **몸까기** 하기 좋겠는걸. 〈김은옥 : 항로〉
- 한가지 충고를 준다면 **몸까기**를 잘해서 달리기선수답게 더 젊어지시오. 《석남진 : 하나를 위한 심장》

제보 · 그는 남편에게 재산을 다 **까먹은** 주제에 할 말이 있냐고 다그쳤다.

---

* 까다[他] : 一 미리 쓴것을 받을것에서 제하다.
二 선용한것을 벗어가다. 《조선어사전》

** 남측에서는 '킬로', 북측에서는 '키로'라고 한다.

까치집 [명사]

표대 ① 까치의 둥지.

❷ 헝클어진 머리 모양을 비유적으로 이르는 말.

…

조대 ① =까치둥지.

* 까치둥지 : 까치가 깃들기 위하여 나무우듬지에 지은 둥지.

❷ 주로 아이들이 모래불에서 한손을 모래에 파묻고 그우를 두드려 다진 다음 손을 뽑아 낸 움같이 된 자리.

"까치의 둥지"라는 뜻은 남북에서 모두 쓰인다. 한편, "아이들이 모래 놀이를 하면서 모래를 다져 움같이 만든 것"을 두고 북에서는 '까치집'이라고 한다. 남에서는 이에 해당하는 말로 "나는 **두꺼비집** 만들기를 했는데, 손을 빼내자마자 모래가 무너졌다."《윤성희 : 구경꾼들》에서 알 수 있듯이 주로 '두꺼비집'을 쓴다.

남에서는 헝클어진 머리 모양을 '까치집'에 비유하기도 한다. 이는 헝클어진 머리 모양과 나뭇가지가 뾰족뾰족하게 튀어나온 '까치집'의 형태적 유사성에 바탕을 둔 은유에 의하여 의미가 확대된 것이다.

예문

남 · 머리칼이 **까치집** 된 작은누님은 입가에 허연 거품을 내놓은 채, 두 손으로 가슴과 목을 쥐어뜯어 대면서 몸부림을 쳤다.《한승원 : 안개 바다》

북 · 어렸을적 모래불*에서 놀면서 **까치집**을 두드려 만들 때의 즐겁던 나날도 회상되였다.《조대》

* 남측에서는 '모래부리', 북측에서는 '모래불'이라고 한다.

남측에서는 '두꺼비집', 북측에서는 '까치집'이라고 한다.

나무다리 [명사]

표대 나무로 만든 의족.

조대 다리나 발이 상하거나 없어 걸을수 없는 사람이 짚고다니는 나무지팡이 같은것.

'나무다리'는 남북에서 모두 쓰는 말이나 그 의미가 다르다. 남에서는 "나무로 만든 의족"을 뜻하는 반면에 북에서는 "다리가 불편한 사람이 쓰는, 나무로 만든 지팡이 같은 것"을 가리키는 말이다. 남에서는 이 뜻으로 '목발'이나 '목다리'를 주로 쓴다.

예문

남 · 왼쪽 허벅지가 쑤셔 왔지만 살점 없는 **나무다리**만이 내 왼쪽 골반 밑을 채워 주고 있을 따름이라는 것을 나 역시 모르지는 않았다.《염승숙 : 피에로 행진곡》

북 · **나무다리**에 의지하여 아들과 함께 걸으며 늙은이는 이렇게 말했다.《북으로 가자》

참고

남 · 그는 가뜩이나 성치 않은 **목다리**에 술기운마저 보태진 절뚝 걸음을 휘적이며 차도를 건너고 있었다.《송병수 : 장인》

· 목공을 가르치는 교사 중 한 사람만 외모가 성하고 나머지는 **목발**을 짚고 있었고 전자실에는 휠체어에 앉아 가르치는 교사도 있었다.《박완서 : 우리들의 부자》

· **목발** 짚은 사람이 있다.《김원일 : 아우라지로 가는 길》

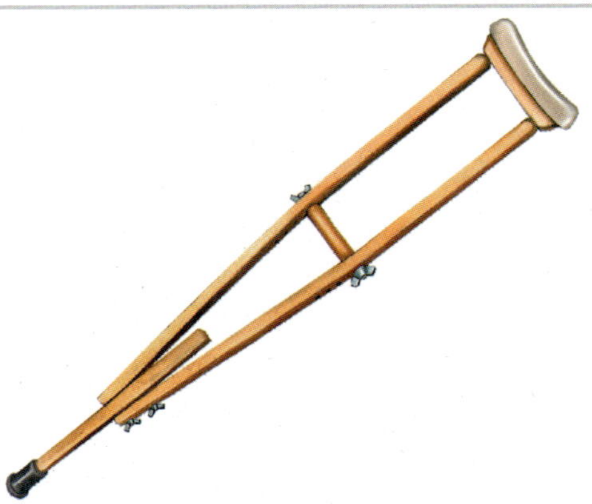

남측에서는 '목발', 북측에서는 '나무다리'라고 한다.

나비 [명사]

표대 나비목의 곤충 가운데 낮에 활동하는 무리를 통틀어 이르는 말. 몸은 가늘고 빛깔이 매우 아름답다. 머리에 한 쌍의 더듬이와 두 개의 겹눈이 있고 가슴에 큰 잎 모양의 두 쌍의 날개가 있다. 긴 대롱처럼 생긴 입으로 꽃의 꿀을 빨아 먹으며, 애벌레는 대개 식물을 먹는다. 전 세계에 2만여 종, 우리나라에는 250여 종이 있다.

조대 《나비과에 속하는 곤충들》을 통털어 이르는 말. 몸은 길둥글며 몸뚱이와 날개 그 밖의 부속물들에는 비늘가루와 비늘털들이 덮여있다. 날개는 보통 두쌍인데 매우 발달하였다. 앞날개는 뒤날개보다 크고 막질이다. 한마리가 1,000여개의 알을 낳는다. 새끼벌레의 길이는 3~5㎜이며 큰것은 130~150㎜이다. 한해에 1~6번 생기며 9번 생기는것도 있다.

북에서는 '나비'와 '나방'을 구분하지 않고 모두 '나비'라고 하지만, 남에서는 이 둘을 다음과 같이 구분한다. '나비'는 몸이 가늘고 주로 낮에 활동하는 데에 비하여 '나방'은 몸이 통통하고 주로 밤에 활동한다. 앉을 때 '나비'는 날개를 등 뒤로 곧추세우지만, '나방'은 날개를 편다. 대개 '나비'는 꽃과 봄을 연상시키는 아름다운 것으로, '나방'은 어둠과 더러움을 연상시키는 불쾌한 것으로 인식하는 경향이 있다.

예문

남
- **나비**와 벌이 꽃들 사이에서 바쁘게 숨바꼭질을 했다. 《김원일 : 아우라지로 가는 길》
- 여름날 마루에 불을 켜 놓으면 온갖 **나방**들이 다 날아드는데 하루살이들이 제일 많이 날아온다. 《김용택 : 섬진강 이야기》

북
- 등불로부터 40㎝정도밑에는 날아든 **나비**가 빠지도록 물을 담은 그릇을 놓으며 페유* 또는 석유를 몇방울 떨구는것이 좋다. 〈송충에 의한 피해를 막자면〉
- 우리는 흔히 가로등둘레에로 **나비**를 비롯한 많은 벌레들이 날아드는것을 보게 된다. 〈벌레들의 《등대》〉

* 남측에서는 '폐유', 북측에서는 '페유'라고 한다.

북의 조선우표사에서 발행한 '등불나비'와 '버드나무붉은뒤날개밤나비' 우표

남자싸다 (男子--) [형용사]

조대 《남자답다》를 힘주어 이르는 말.

* 남자답다 : 됨됨이나 생김새에서 남자로 불리울만 하다.

'남자싸다'는 북녘말인데, 여기서의 '-싸다'는 일부 명사 뒤에 붙어 '-답다'의 뜻을 강조하여 나타내는 접미사이다. 접미사 '-싸다'가 붙은 북녘말로는 '남자싸다' 외에도 '사내싸다', '어른싸다'가 있다.

예문

북 · 구치소에서 보니까 괜찮은 남자같은데… 비겁하지 않고 **남자싼**데가 있기두 하구….《백현우 : 불을 다루는 사람들》

· 어머니는 손자가 **남자싸게** 커가는것이 무등 기뻐 세월이 이렇게 좋아지는데 오래오래 살아 저 애가 장가가는것도 보고 증손자도 안아보겠노라 했었다.《리종렬 : 평양은 선언한다》

· **사내싸게** 굵직굵직한 이목구비, 런닝그*를 들추고 솟은 어깨며 가슴, 잔등의 울근불근한 근육들, 삼륜차를 꽉 채우고 앉은 거방진 자세는 확실히 한개 부대를 거느린 부대장다왔다.《리령철 : 아리랑》

· 돌아가면서 제대군인은 이번에는 오히려 어머니를 격려하는듯 제법 **어른싸게** 말했다.〈현희균 : 아침노을〉

* 남측에서는 '러닝', 북측에서는 '런닝그'라고 한다.

내기 [명사]

표대 ① 금품을 거는 등 일정한 약속 아래에서 승부를 다툼. 이긴 사람이 걸어 놓은 물품이나 돈을 차지한다.

…

조대 ① 어떤 약속밑에서 이기고 짐을 겨루는 일.

❷ (동사의 《ㄹ》형 다음에 쓰이여) 《그렇게 할판》, 《그럴셈》 등의 뜻.

'내기'는 '내놓다, 내걸다, 내주다' 등에서 확인되는 동사 '내-'에 접미사 '-기'가 결합해서 된 말로, 남북에서 모두 '자신이 가지고 있거나 차지하고 있는 것을 내걸고 상대와 이기고 짐을 겨루는 것'이라는 뜻으로 쓰인다. 한편 북에서는 '-ㄹ 내기'의 형태로 쓰여 '-ㄹ 작정'이나 '-ㄹ 판국'이라는 뜻으로 쓰이기도 한다. 북의 사전에는 '그러할 내기'가 줄어든 '그럴내기'가 준말로 올라 있기도 하다. 다만, 이때의 '-ㄹ 내기'에서 확인되는 동사 '내-'는 앞서 언급한 '내기'에서의 '내-'와는 다소 의미 차이가 있으므로 같은 말로 볼 수 있는지는 다소 의문이다.

예문

남
- 10원이면 헛일을 한 손해뿐만이 아니라 2원의 생돈을 물어야 **될 판**이다. 《조정래 : 빙하기》
- 언제까지 **그럴 셈**이야? 《박완서 : 살아있는 날의 시작》

북
- 사람들마다 다 할머니처럼 자기 생각만 **할 내기**를 하면 야단이 아닙니까. 《전장철 : 열두시간》
- 정 **그럴내기**예요? 내 한가지 비밀얘기 할테니 제발 내 말 들어줘요. 《조인영 : 생명》
- 허, 점점 한다는 소리가 … 정 **그럴내기**면 포에서 썩 물러나라구. 《최재석 : 맹세》

내두르다 [동사]

표대 ① 이리저리 휘휘 흔들다.
② 사람을 자기 마음대로 움직이다.

조대 ① 밖으로 내여 휘두르다.
② 함부로 휘두르거나 냅다 휘두르다.
③《감탄하거나 놀라서 혀를 몹시 차는것》을 비겨 이르는 말.
❹ (근거, 론거를) 세차게 들고나오다.

"이리저리 휘휘 흔들다"나 "사람을 제 마음대로 다루다"의 뜻으로는 남북에서 모두 쓰인다. 북에서는 "근거, 논거를 세차게 들고 나오다"라는 뜻으로도 쓰인다. 남에서는 이런 뜻으로 '내두르다'가 쓰이지 않으며 비슷한 말로 '들이밀다' 정도가 쓰인다.

예문

남 · 은자는 소년에게 주니어를 자신의 양자로 입적해 달라는 제안을 단도직입적으로 **들이밀었다**. 《주원규 : 무력소년 생존기》

북 · 민우동무, 년말* 까지는 출장이 없을테니 금동이한테 관심을 많이 돌려야겠소. 연구과제만 **내두르지** 말구 시간예비를 잘 짜서 금동이와 함께 가갸표두 외워보구 뽈** 두 차보구 얼음사탕두 사먹어보시우. 《김정 : 1학년생》

· 《위대한 발견》을 성급히 **내두르던** 생물학자들은 과학의 위조자, 속이 텅빈 사변철학가들이였다는것이 온 세상에 적라라하게*** 드러났던것이다. 〈리화: 진리의 탐구〉

* 남측에서는 '연말', 북측에서는 '년말'이라고 한다.
** 뽈 : ⇒ 공. 《조대》
*** 남측에서는 '적나라하다', 북측에서는 '적라라하다'라고 한다.

내오다 [동사]

표대 ① 안에서 밖으로 가져오다.

…

조대 ① 안에서 밖으로나 뒤에서 앞으로 가져오다.

❷ (기관, 조직체, 부서 같은것을) 새로 조직하거나 꾸려놓다.

"안에서 밖으로 또는 뒤에서 앞으로 가져오다"라는 뜻으로 남북에서 모두 쓰인다. 북에서는 기관, 조직, 부서 등을 새로 만들 때에도 '내오다'를 쓴다. 남에서는 이러한 뜻으로 '내오다'를 쓰지 않으며 보통 '꾸리다', '만들다', '신설하다' 등을 쓴다.

예문

남
- 젊은 곤충학자 두 명과 그들의 보조원 세 명으로 **팀을 꾸리고** 안 실장이 지휘했다.《김훈 : 내 젊은 날의 숲》
- 가장 우수한 기자들로 **팀을 만들도록** 해!《김성종 : Z의 비밀》

북
- 다 캐먹은 낡은 갱을 페갱* 시켰다면 대신 새로운 갱을 **내와서라도** 석탄생산량을 더 늘여야 하지 않겠는가.〈석창의 : 탄전의 새 모습〉
- 영화에 뜻을 둔 사람들이 제각기 … 40여개의 각종 영화회사들을 **내오고** 민족영화발전을 위해 분발해나섰다.《문예봉 : 내 삶을 꽃펴준 품》
- 우리는 매 영양요소별로 직장을 만들고 여기에 완성직장을 더 **내와서** 총 6개의 직장으로 공장을 꾸렸단다.《최종하 : 신기한 공장》
- 우리는 시급히 각 도마다 농업대학을 **내오고** 교원들이 농장에 이동강의를 내려가도록 해야 하겠습니다.〈장동일 : 가을〉

* 남측에서는 '폐갱', 북측에서는 '페갱'이라고 한다.

넘어지다 [동사]

표대 ①【…에】【…으로】사람이나 물체가 한쪽으로 기울어지며 쓰러지다.
② 어떤 일에 실패하거나 망하다.
③【…으로】병 따위를 견뎌 내지 못하고 쓰러지다.
…

조대 ① 바닥에 쓰러지다.
② 마음이나 의지가 견디여배기거나 지탱하지 못하고 쓰러지다.
❸《죽다》를 에둘러 이르는 말.

"사람이나 물체가 한쪽으로 기울어지며 쓰러지다"라는 뜻으로 남북에서 모두 쓰인다. 북에서는 '죽다'를 완곡하게 표현하는 말로도 쓰인다. 남에서 "큰 병이나 충격을 견디지 못하고 쓰러지다"의 뜻으로는 쓰이나 '죽다'의 의미로 쓰이지는 않는다.

예문

남 · 마당에 기절해 **넘어졌다**.《전상국 : 바람난 마을》
· 어느 날, 숙희는 산꼭대기에 물을 지어 오르다 기절해 **넘어지고야** 말았다.《김이석 : 파경》

북 · 나 하나 외토릴* 세. 몽양이, 백범이 다 **넘어지고**… 그래 난들 그들처럼 **넘어져야** 하나.《안동춘 : 50년 여름》
· 놀라웁게도 개경에 사는 늙은이들의 거의 전부가 중풍으로 **넘어지고**있다는 것이였다.《전철호 : 토란닭고기국》
· 한동무가 … 수류탄을 던지지 못한채 **넘어지고**말았다. 우리 동무는 더 볼수 없다. 〈황건 : 불타는 섬〉

* 남측에서는 '외톨이', 북측에서는 '외토리'라고 한다.

노친네* (老親-) [명사]

표대 '노인'을 낮잡아 이르는 말.

조대 ❶《늙었거나 늙수그레한 녀자》를 이르는 말.
❷ 늙었거나 중년기에 이른 부부사이에서《마누라》를 친근하게 이르는 말.

남에서는 '노친네'가 성별의 구별 없이 '노인'을 낮잡는 말로 쓰이는 반면, 북에서는 '늙은 여성'을 이르거나 남편이 나이 든 아내를 친근하게 부르는 말로 쓰인다. 남에서 나이 든 부부 사이에서 서로를 '노친네'라고 부른다면 타박하거나 놀리는 말이 되지만, 북에서는 남편이 아내를 친근하게 부르는 말이 되는 것이다.

예문

북 · 그의 눈에는 늙어서도 변함없는 애틋한 숨은 정이 어려있었다.
《왜 늙은건 로친네 생각두 못한답데?》
《아니 정말 령감이 오늘은 무슨 … 누가 듣겠수다.》
문씨는 령감의 롱말에 새각시처럼 얼굴을 붉히며 얼핏 울타리밖을 살피였다.** 《변희근 : 뜨거운 심장》

· 나하구 로친네, 맏아들내외와 손주들이 있습니다. 그리구 뜨락또르*** 운전수를 하는 둘째가 있고 셋째놈은 군사복무중이외다. 《김삼복 : 대지의 딸》

· 다 자란 자식들을 거느린 로년기에 이른 부부간에는 젊은 자식들과 마찬가지로 서로《여보》라고 부르는것이 보통이며 때로는《령감》,《로친네》,《마누라》라고 부르는것도 자연스럽다. 〈송윤금 : 부부사이에 지켜야 할 부름말례절〉****

· 며칠동안 출근해보던 령감이 신중한 어조로 어쩐지 몹시 갑자르면서***** 말하는것였다.
《여보 로친네, 아무리 생각해두 안되겠어.》〈박춘섭 : 보금자리〉

· 춘보는 오전중으로 서둘러 끝내고 뒤산****** 에 가서 로친네, 아들, 며느리들과 함께 점심을 먹을 작정으로 일손을 놀렸다. 《오태준 : 푸른 숲의 노래》

---

* 북에서는 '로친네'라고 한다.
** 남측에서는 '영감', '농말', 북측에서는 '령감', '롱말'이라고 한다.
*** 남측에서는 '트랙터', 북측에서는 '뜨락또르'라고 한다.
**** 남측에서는 '노년기', '예절', 북측에서는 '로년기', '례절'이라고 한다.
***** 갑자르다 : 말을 하기가 어렵거나 거북하여 주저하며 낑낑거리다. 《조대》
****** 남측에서는 '뒷산', 북측에서는 '뒤산'이라고 한다.

누르다 [동사]

표대

[1] 【…을】 ① 물체의 전체 면이나 부분에 대하여 힘이나 무게를 가하다.
② 마음대로 행동하지 못하도록 힘이나 규제를 가하다.
③ 자신의 감정이나 생각을 밖으로 드러내지 않고 참다.
④ 경기나 경선 따위에서, 상대를 제압하여 이기다.
⑤ 국수틀로 국수를 뽑다.

[2] 【…에】 (주로 '눌러 있다, 눌러 지내다' 따위의 구성으로 쓰여) 계속 머물다.

…

조대

① 어떤 물체의 면에 힘을 가하다.
② (상대되는 관계에서) 하나가 다른것의 우에 있거나 압도하다.
③ (어떤 행동이나 현상이) 일어나지 못하게 하다.
④ (국수틀로 국수를) 만들다.
⑤ (《눌러》의 형으로 《있다, 앉다》 등과 함께 쓰이여) 《계속 머물러》의 뜻.
❻ (계획 같은것을) 토론끝에 정식계획으로 통과시키거나 결정하다.

"물체의 표면에 힘을 가하다"라는 기본 의미와 이로부터 파생된 의미들도 남북이 대체로 일치한다. 다만 북에서는 "계획 등을 토론 끝에 통과시키거나 결정하다"라는 뜻으로도 쓴다.

예문

북
- 《계획이 바루 섰다구 주장한 사람이 책임지겠지요. 어제 회의에서 계획을 **눌렀다던데**? 모두 찬성했게 채택했겠지.》 옥실은 목소리를 부쩍 돋구었다. 《할 수 있어? 관리위원장이 내려먹이는데.》 《김삼복 : 대지의 딸》
- 예산을 **누르다**. 《조대》
- 이미 월초에 **누른** 계획대로 내밉시다. 《조대》
- 종전대로 계획을 **누르면** 파쇄기의 소화불량증도 나을거요! 〈박윤: 인간의 노래〉

제보
- 그렇게 **눌렀으니까** 집행해야 해.
- 당비서가 **누른** 일요일 체육경기 계획을 지배인이 뒤집기는 어렵다.

느끼하다 [형용사]

표대 ① 비위에 맞지 아니할 만큼 음식에 기름기가 많다.
② 기름기 많은 음식을 많이 먹어서 비위에 거슬리는 느낌이 있다.
③ 맛이나 냄새 따위가 비위에 맞지 아니하다.
④ 말이나 행동 따위가 느물거려 비위에 맞지 아니하다.

조대 ① 비위에 받지 않을 정도로 음식에 기름기가 많다.
② 기름기 많은 음식을 많이 먹어 속이 트지근하다.

"비위에 거슬릴 정도로 음식에 기름기가 많다" 또는 "기름기가 많은 음식을 많이 먹어 뱃속이 불편하다"라는 뜻으로는 남북에서 모두 쓰인다. "맛이나 냄새 등이 비위에 맞지 않다"라는 의미는 남의 사전에만 올라 있지만 북에서도 쓰인다. 북의 말뭉치에서 "추어를 … 구수한 냄새가 풍기면 거품을 걷어내고 채친 파와 다진 마늘을 넣어 한소끔 끓인 다음 고추장과 고추가루*를 기름에 개여서 풀어넣는다. 이렇게 끓인 국은 맛이 독특하고 구수하며 얼근하여 **느끼한** 맛이 없게 된다."〈추어음식 몇가지〉와 같은 용례가 검색된다. 한편 남에서는 음식과 무관하게 사람이나 그 언행 등이 능글맞은 느낌이 있어 비위에 맞지 않는 경우에도 '느끼하다'라고 표현한다.

예문

남 · 목소리도 본래의 **느끼한** 음성으로 돌아와 있었다.《박완서 : 아주 오래된 농담》
· 이름이 **느끼해**. 그가 베스트셀러 작가라는 건 나도 알지.《현기영 : 누란》
· 제발 그놈의 축음기 좀 꺼. 아니면 혼자만 들을 무슨 장치를 하거나. 신새벽부터 귀가 **느끼해** 견딜 수 있어야지.《이문열 : 변경》
· 춤의 특성상 표정 관리에 실패하거나 스텝을 조금만 끌어도 딱 **느끼해** 보인다.《김려령 : 완득이》

* 남측에서는 '고춧가루', 북측에서는 '고추가루'라고 한다.

늙은이 [명사]

표대 나이가 많아 중년이 지난 사람.

조대 《늙은 사람》을 좀 높이여 이르는 말.

"나이가 많은 사람"을 이르는 말로 남북에서 모두 쓰인다. 다만 남에서는 노인을 낮추어 이르는 말로 쓰이지만 북에서는 노인을 조금 높여 이르는 말로 쓰인다.

예문

남
- 이 사람이 날 아주 **늙은이** 취급허구 있네. 《박완서 : 미망》
- 저승꽃이 피고 쪼글쪼글 주름져서 **늙은이** 티가 완연한 봉기는 하얀 혓바닥을 내둘러 입술에 침을 발라 가며 말했다. 《박경리 : 토지》

북
- 우리는 이런 **늙은이**를 도와주고싶지만 당장 무슨 딴 방법이 없습니다. 〈진재환 : 사랑의 행군길〉
- 은순이는 … 영애를 대신해서 그 어머님의 딸이 되여 **늙은이**를 모시고 지낼것을 약속하였다. 《전무길 : 무한애》
- 이사람아! … **늙은이**를 존경할줄 알라구. 〈리진우 : 전선너머 먼 곳에서〉
- 할머니는《이 고현놈! **늙은이**한테 대들다니?…무슨 버르장머리냐?》하고 종락이를 추상같이 꾸짖었다. 《황민 : 푸른숲》

달러* ([영]dollar) [명사]

표대 ① 미국의 돈.

② '외화(外貨)'를 비유적으로 이르는 말.

조대 미국돈 또는 미국돈의 기본단위.

원어는 같지만 표기에서 차이를 보인다. 남에서는 '달러', 북에서는 '딸라'라고 쓴다. 또한 숫자와 함께 읽을 때, 남에서는 숫자를 한자음으로 읽어 '일 달러', '이 달러'라고 하고, 북에서는 한자음과 고유어를 혼용하여 '한딸라', '두딸라', '삼딸라', '오딸라'라고 한다. 한편 남에서는 한자 문화권의 관습에 따라 '$'를 모양이 비슷한 한자 '불(弗)'로 대용하기도 하지만 북에는 이런 쓰임이 없다.

예문

남
- 그 거대한 **달러** 뭉치의 위력만 상정하면 오금이 저려.《김원우 : 짐승의 시간》
- 그의 어머니에게 남은 건 오백 **불**의 십분의 일도 되지 않는 **달러**와….《강지영 : 프랑켄슈타인 가족》
- 월남에는 미국 돈인 **달러**가 굴러다닌다는 소문이 날이 갈수록 퍼지고 있었고, 어디서나 월남에 돈벌이 갈 이야기로 들뜬 분위기였다.《조정래 : 한강》
- 하나의 일이 끝나면 들어오는 돈, **일 달러**당 일만 이천 동으로 환전되는 베트남 화폐가 한가방씩이었다.《방현석 : 존재의 형식》

북
- 마카오가 **열딸라**짜리 지페 한장을 꺼내주니 스토우는 군말없이 그것을 받아 주머니에 넣고는 몇마디 지껄였는데 그 도고하고 건방진 태도는 미현을 격분시켰다.《조승찬 : 녀기자**》
- 선장은 주머니에 **딸라**가 없으면서 무엇때문에《흰장미》호 하선을 15일에 끝내게 되면 **딸라**를 직접 지불하겠다고 했소?《김정남 : 항만의 금별》
- 위협소동을 피우면서도 미국이 **한딸라**의《원조액》도 삭감하지 못한것은….《김수경 : 승리》
- 이것도 저것도 다 해당한 보수를 지불해야 하겠으나 **딸라** 한장없는 몸이 바로 지금의 자기였기때문이였다.〈최용규 : 시대의 노래〉

---

* 북에서는 '딸라'라고 한다.

** 남측에서는 '여기자', 북측에서는 '녀기자'라고 한다.

달리다* [동사]

표대 재물이나 기술, 힘 따위가 모자라다.

조대 ① (경제적밑천이나 기술, 힘 등이) 뒤를 잇지 못하게 모자라다.
② 능력이 없어 힘에 부치거나 힘에 겹다.

"재물이나 기술, 힘 등이 모자라다"라는 뜻으로 남에서는 '달리다'가, 북에서는 '딸리다'와 '달리다'가 쓰인다.
남에서는 '딸리다'와 '달리다'를 구별하여 쓴다. 즉 "어떤 것에 매이거나 붙어 있다" 또는 "어떤 부서나 종류에 속하다"라는 뜻일 경우에는 '딸리다'를 쓰고, "무엇이 부족하다"라는 뜻일 경우에는 '달리다'를 쓴다. 북에서는 "무엇이 부족하다"라는 뜻일 경우에 '달리다'뿐 아니라 '딸리다'도 규범으로 인정하여 쓰고 있다.

예문

남 · 열다섯 개의 방과 가축들 관리, 자잘한 밭일은 갈수록 힘이 **달리는** 노모와 게으른 그가 감당하기엔 버거웠다. 《김도연 : 이제 그는 시인을 믿지 않는다》
· 작은 교회인 데다 벌인 일이 많아서 손이 **달린다**는 신부의 의도는 확연했다. 《이혜경 : 그림자》
· 그의 경우 결핵은 독자적인 게 아니라 당뇨병이 친 가지에 불과하련만 그에겐 두 사람의 전문의가 **딸리게** 되었다. 《박완서 : 유실》

북 · 새땅을 자꾸만 늘구다니면 일손이 **딸려** 농사철을 놓칠것 같아 조바심이 났다. 〈김상현 : 동창생〉
· 적지 않게 가을남새를 심을 때면 퇴비가 **딸려서** 애를 먹는 일이 있지만 5작업반에서는 언제나 퇴비가 산더미처럼 쌓여있어서 그런 애로라군 전혀 모르고 있습니다. 〈유택규 : 열사람이 들려준 이야기〉
· 종이장우에 그려 진 푸른색을 실제 고향땅 수백정보 산발들우에 내 손으로 살아있는 숲으로 옮겨놓기에는 너무도 세월이 모자라고 힘도 **달린다**.** 〈김병훈 : 빈말은 없다〉

* 북에서는 '딸리다'라고도 한다.
** 남측에서는 '위', 북측에서는 '우'라고 한다.

담보 (擔保) [명사]

표대 ① 맡아서 보증함.

②『법률』 민법에서, 채무 불이행 때 채무의 변제를 확보하는 수단으로 채권자에게 제공하는 것. 유치권, 질권, 저당권 따위의 물적 담보와 보증 채무, 연대 채무 따위의 인적 담보가 있다.

…

조대 ❶ (어떤 목적이나 지향의 실현을) 어김없도록 보장하는것.

❷ 어떤 성과나 결과에 대하여 미리 확증하여 책임지는것.

③ 빚진 사람이 빚을 갚지 못할 때에 그 빚을 대신할수 있는 신용으로 제공하는것.

"무엇을 보증함"이라는 뜻으로 남북에서 모두 쓰이지만 그 대상이 다르다. 남에서는 주로 빚을 대신할 돈이나 물건을, 북에서는 대체로 목표나 성과, 결과 등을 보증의 대상으로 삼는다. 따라서 북에서는 '담보'를 "목표를 보장하는 것" 또는 "성과나 결과에 대하여 확증하여 책임지는 것"이라는 의미로 많이 쓴다. 이런 경우에 남에서는 주로 '보장'을 쓴다.

예문

남 · 은행에 집을 **담보**로 집어넣고 돈을 빼내는 수밖에 없었다. 《성석제 : 기적처럼》

· 트럭을 **담보**로 포장마차를 빌린 것이다. 《조영아 : 여우야 여우야 뭐 하니》

· 이제 나는 모험을 두려워하고 확실하게 결과가 **보장된** 세계나 찾을 만큼 노쇠해 버린 것일까. 《김성동 : 만다라》

북 · 본인의 출신과 경력도 좋았고 사단장의 적극적인 **담보**도 쉽지 않은 일이다. 《량호신 : 위훈》

· 야산대가 그것으로 해체될것이라는 그 무슨 **담보**가 당신에게 있다는거요? 《허문길 : 력사* 의 대결》

* 남측에서는 '역사', 북측에서는 '력사'라고 한다.

당기다 [동사]

표대 → 땅기다.

조대 [1] (타) ① (어떤 대상을 공간상 일정한 방향으로 움직이도록) 잡아끌다.
② (시간이나 기일을) 정한 때보다 더 가까이 다그다.
③ 활줄에 화살을 먹이고 잡아끌어서 놓기만 하면 화살이 날아가게 하다.
[2] (자) ❶ 잡아끄는 힘을 받아 켕기다.
② (입맛이 나서 음식물에) 끌리다.
③ (감정, 심리적으로) 움직이여 끌리다.

남에서는 "끌어서 가까이 오게 하다" 또는 "어떤 마음이 생기다" 등의 뜻일 때에는 '당기다'를, "피부, 상처 등이 몹시 팽팽하고 단단해지다"라는 뜻일 때는 '땅기다'를 쓴다. 한편 북에서는 남에서 '당기다'로 쓰는 것에 대하여 '당기다'와 '땅기다' 모두를 규범어로 인정하고 있다.

예문

남 · 나는 칼을 눈앞으로 바싹 **당겨** 글자를 들여다보았다. 《김훈 : 칼의 노래》
· 얼굴이 **땅기고** 귀가 아프고 머리가 어지럽고 배도 아프고 어깨까지 아팠다. 《이상권 : 사랑니》

북 · 바위주변을 빙 둘러 파보니 뿌리가 얼마나 깊은지 불도젤에 쇠바줄을 걸고 **땅겨도** 꿈쩍하지 않았다.* 〈윤경찬 : 넓어지는 땅〉
· 자재 창고 옆에 이르렀을 때 어머니는 숫한** 사람들이 밀고 **당기고** 주먹을 휘두르고 하는것을 보았다. 〈현희균 : 아침노을〉

ㄷ

* 남측에서는 '불도저', '쇠밧줄', 북측에서는 '불도젤', '쇠바줄'이라고 한다.
** 숫하다 : → 숱하다. 《조대》

대상 (對象) [명사]

표대 ① 어떤 일의 상대 또는 목표나 목적이 되는 것.

② 『철학』 정신 또는 인식의 목적이 개념이나 언어에 의하여 표상이 된 것. 나무나 돌과 같은 실재적 대상, 원(圓)이나 각(角)과 같은 비실재적(非實在的) 대상, 진리나 가치와 같은 타당적(妥當的) 대상의 세 가지가 있다.

…

조대 ① 감각기관에 의하여 지각되는 모든 구체적인 사물현상.

② 인식활동이 미치거나 행동이 미치는 객체.

③ 상대 또는 상대자.

❹ 혼인관계를 맺을 상대자.

…

"어떤 일의 상대 또는 목표나 목적이 되는 것"의 뜻으로는 남북에서 모두 쓰인다. 북에서는 "혼인 상대자"를 가리키는 말로도 쓰인다. 남에서는 이 뜻으로 전혀 쓰이지 않으며 이런 맥락에서는 '결혼 상대'와 같이 '상대'를 주로 쓴다.

예문

남 · 다행히 **결혼할 상대**가 동경 유학생에 집도 그리 부자라니 더 무엇을 바라랴 싶었다. 《김유미 : 작가 김영수》

· 억지로 결혼을 해야만 될 것도 없고, 막상 한다고 해도 **상대**가 없어요. 《이봉구 : 산타 마리아》

북 · 그는 로총각* 이라는 말을 들으면서도 온갖 유혹을 물리치고 사업에만 몰두하다가 지배인이 된후에 맞춤한 **대상**을 만나 결혼을 했다. 〈리화 : 인간의 수업〉

· 세진이! 이제 더는 미룰수 없지 않아. 빨리 **대상**을 선택해야지? … 자네 같은 사람을 마다할 처녀가 어데 있겠나? 〈백남수 : 철길〉

· 처녀에게는 부모들이 점찍어놓은 **대상**이 있었다. 〈김은옥 : 항로〉

* 남측에서는 '노총각', 북측에서는 '로총각'이라고 한다.

대제전 (大祭典) [명사]

표대 ❶ 큰 규모로 열리는 문화, 예술, 체육 따위의 행사.
② 성대한 제사 의식(儀式).

조대 큰 제사의 의식.

"성대한 제사 의식"의 뜻으로는 남북에서 모두 쓰인다. 남에서는 제사와 무관하게 '가요 대제전', '축구 대제전'처럼 "많은 사람들이 모여 치르는 문화, 예술, 체육 등의 행사"를 가리키는 말로도 쓰인다.

ㄷ

예문

남 · 인류의 **대제전**인 1988년 서울 올림픽이 열리던 해 상학산에 살던 우리 아버지는 … 어머니와 결혼했고 나는 110일 뒤 같은 날 태어난 삼남매 중 두 번째로 세상에 나왔다.《고금란 : 마지막 일전》

덕담 (德談) [명사]

표대 남이 잘되기를 비는 말. 주로 새해에 많이 나누는 말이다.

조대 ❶ 이리저리 둘러치며 말 잘하는 솜씨.
② 앞으로 잘되기를 축하하는 뜻으로 하는 《덕》이 되는 말.

"남이 잘되기를 비는 말"이라는 뜻으로 남북에서 모두 쓰인다. 북에서는 "사람을 사로잡거나 휘어잡는 말솜씨"라는 뜻으로도 쓰인다. 남에서는 이런 뜻으로 '입담', '입심'이 쓰인다. 즉, 북에서는 '덕담이 좋다', 남에서는 '입담이 좋다'처럼 쓴다.

예문

남 · 선창을 한 건 제주도 출신의 그 욕 잘하고 **입심 좋은** 사내였다.《박영한 : 머나먼 쏭바강》

· 윤이네 어머니는 **입담이 좋아서** 옛날이야기를 퍽 구수하게 잘하는 것이었다.《하근찬 : 산울림》

북 · 보고들은것이 많아 **덕담**도 구수하게 잘하는 최종무인지라 이야기도 잘했다.〈김복련 : 북청부사의 후치령 행차〉

· 우스개소리를 곧잘하여《**덕담**아바이》로 불리우는 강농근아바이가 씨물씨물 웃으며 일어섰다.《김익수 : 전우들에 대한 추억》

· 말수 적은 그는 남들처럼 소리내여 웃는 일이 거의 없었다. … **덕담좋은** 친구들은 그에게 말을 시켜보려고 시까슬러보았지만 그는 좀처럼 롱질에 말려들지 않았다.* 〈박성전 : 담당간호원〉

---

* 남측에서는 '쓸까스르다', '농질', 북측에서는 '시까스르다', '롱질'이라고 한다.

덧대다 [동사]

표대 ①【…에 …을】 대어 놓은 것 위에 겹쳐 대다.

…

조대 ① 대여놓은 우에 겹쳐대다.

❷ 군더더기로 덧붙여 대거나 무엇을 구실삼아 핑게를 대다.

❸ (《덧대고》형으로 쓰이여) 덮어놓고.

"대어 놓은 것 위에 겹쳐 대다"라는 뜻으로는 남북에서 모두 쓰인다. 북에서는 "군말을 하거나 무엇을 구실 삼아 핑계를 대다"라는 뜻으로도 쓰인다. 또한 '덧대고', '덧대놓고'의 형태로 "무턱대고 마구"의 뜻으로 쓰이기도 한다. 남에서는 이에 대응하는 말로 '덮어놓고'가 주로 쓰인다.

예문

남 · 우리 세 식구도 피란 짐을 이고 지고 **덮어놓고** 집을 나섰다.《박완서 : 엄마의 말뚝》

· 이 허황한 청년은 그녀의 마음을 사로잡을 욕심으로 **덮어놓고** 장담을 했다.《김성종 : 여명의 눈동자》

북 · **덧대고** 우기기만 하던 그 사람은 아이들앞에서 망신했다.《조대》

· 나는 화김* 에 문을 차고 밖으로 나갔습니다. … 나는 아무런 목표도 없이 그저 **덧대놓고** 발을 옮기였지요. 〈백보흠 : 백두산바람〉

· **덧대놓고** 소대에 편입시켜 달라는것입니다.《백철수 : 해당화》

· 조건을 **덧대면서** 책임을 면하려는것은 혁명가적사업기풍과는 전혀 인연이 없다.《조대》

ㄷ

* 남측에서는 '홧김', 북측에서는 '화김'이라고 한다.

데꾼하다 [형용사]

표대 ① 눈이 쑥 들어가고 생기가 없다.

…

조대 ① 눈이 어지간히 꺼져 들어가고 정기없이 퀭하다.

❷ (주의해보거나 놀랐을 때) 눈이 휘둥그렇다.

"눈이 쑥 들어가고 생기가 없다"라는 뜻으로는 남북에서 모두 쓰인다. 북에서는 "눈이 휘둥그렇다"라는 뜻으로도 쓰인다.

예문

[북] · 그는 눈이 **데꾼해서** 우뚤 놀라더니《난 여기서 내려야겠네.》하고 황황히 려행가방* 을 찾아들고 허둥허둥 덤벼치며 출입문쪽으로 내뛰는것이였다.《허여극 : 철산봉》

· 망이의 말뜻을 알아차리지 못한놈들은 겁기가 어려 **데꾼해진** 눈을 가까스로 쳐들었다. 〈김정민 : 망이〉

·《뭐요? 당신이 언제 이런 생각을 다 했소?》안해** 를 바라보는 병만의 두눈이 **데꾼해**졌다. 〈량남익 : 회답〉

---

* 남측에서는 '여행가방', 북측에서는 '려행가방'이라고 한다.

** 남측에서는 '아내', 북측에서는 '안해'라고 한다.

도박죄 (賭博罪) [명사]

표대 『법률』 형법에서, 재물이나 재산상의 이익을 걸고 노름을 함으로써 성립하는 범죄.

조대 법으로 금지된 도박놀이를 하여 지은 죄.

북에서는 단 1원이라도 돈을 걸고 하는 내기는 모두 '도박죄'에 해당한다. 북에서는 '도박죄'를 형법 제8장 "사회주의 공동생활 질서를 침해한 범죄"로 분류하여 "돈 또는 물건을 대고 도박을 한 자는 2년이하의 로동단련형에 처한다."라고 규정하고 있다. 푼돈을 걸고 재미삼아 하는 것도 '도박'으로 보아 죄가 되는 것이다.

한편 남에서는 재미 삼아 하는 노름은 '도박'으로 보지 않으며, 판돈의 액수만으로 도박죄 성립 여부를 판단하지 않는다. 종합적인 상황을 고려하여 판돈이 다소 많더라도 '도박죄'가 성립되지 않을 수 있고, 그보다 판돈이 적더라도 '도박죄'가 성립될 수 있다.

예문

북 · 경마란 **도박**이란 말이요.〈세계프로레스링 왕자 력도산〉

· 그는 공안국 서원들이 밤에는 대안경비에 출동하여 거의 집을 비우다싶이* 하였고 점심시간에는 한곳에 모여서 잡담을 하지 않으면 **도박**을 한다는것도 알았다.《리기영 : 두만강》

· 그들은 의심할바없이 경마장에서 말에 돈을 대듯 마라손선수들에게 저희들끼리 돈을 내고 내기를 건 **도박군**들이다.**《김덕철 외 : 결승선》

* 남측에서는 '비우다시피', 북측에서는 '비이다싶이'라고 한다.
** 남측에서는 '마라톤', '도박꾼', 북측에서는 '마라손', '도박군'이라고 한다.

도발적 (挑發的)

표대 「관형사·명사」

① 남을 집적거려 일이 일어나게 하는. 또는 그런 것.

❷ 색정(色情)을 자극하는. 또는 그런 것.

조대 「명사」

① 도발하거나 또는 도발하는것과 같은(것).

② 몹시 엇서서 대드는(것).

"상대방을 고의적으로 집적거리거나 자극시켜 어떤 일이 일어나게 하는 (것)"이라는 뜻으로 남북에서 모두 쓰인다. 남에서는 "타인의 성적인 욕구를 자극하는 (것)"이라는 뜻으로도 쓰이는데, 북에서는 이런 용법이 없다.

예문

남
- 새로 바른 듯한 **도발적**인 진홍색 입술도 현에게 그러면 그렇지 하는 자만심을 불러일으켰다.《박완서 : 오만과 몽상》
- 그녀는, 둘만 되면 **도발적**으로 변해버리는 여우 같은 아가씨였다.《전혜성 : 트루스의 젖가슴》

북
- 전연지구어서 복무하던 맏형이 적들의 **도발적**인 무력행위에 다리에 중상을 입고 후방병원에 후송된것이다.〈류정옥 : 당부〉
- 심대철은 서종구가 생명에 대한 담보를 받은 이상 **도발적**으로 나오지 않을것이라고 생각하였다.《허문길 : 폭풍의 산아》

돌 [명사]

표대 ① 흙 따위가 굳어서 된 광물질의 단단한 덩어리. 바위보다는 작고 모래보다는 큰 것을 이른다. …

조대 ① 불이 붙지 않고 물에 풀리지 않으며 자연적으로 이루어진 광물질의 굳은 덩어리. …

"광물질의 덩어리"라는 뜻으로 남북에서 모두 쓰인다. 한편 북에서는 "가위바위보에서 다섯 손가락을 모아 쥔 것"을 이르는 말로도 쓰인다.
'가위바위보' 놀이와 손 모양에 대한 명칭은 남북에서 약간의 차이를 보인다. 북에서는 이 놀이를 '가위주먹', '주먹가위' 또는 '돌가위보(돌가보)'라고 한다. 두 손가락을 편 모양을 남에서는 '가위'라고 하고, 북에서는 '가위'나 '가'라고 한다. 다섯 손가락을 모아 쥔 모양을 남에서는 '주먹'이나 '바위', 북에서는 '주먹'이나 '돌'이라고 한다. 다섯 손가락을 편 모양은 남북 모두에서 '보자기'나 '보'라고 한다.

예문

남
- **가위바위보**나 홀짝이나 난 그렇게 우연에 맡기는 게 싫다. 《성석제 : 여행》
- 차갑고 딱딱한 콘크리트 바닥을 마당 삼아 아이들은 고무줄놀이도 하고 크레용으로 금을 그어놓고 **가위바위보** 놀이도 한다. 《공선옥 : 목마른 계절》

북
- 좋다. 그럼 **가위주먹**으로 지는 애가 망보기다. 《강영희 : 쌍바위》
- **가위주먹**을 해야 돼. 그렇게 해서 이기는 차례로 선생님 손을 잡아야 돼. 《리준길 : 나도 아홉살》
- 놀이를 할 때 누가 먼저 뒤집기를 하는가를 가르는 추첨형식의 하나인《**돌가위보**》역시 우리 식으로《**돌가위보**》라고 말하면서 먼저 치기를 결정한다. 〈세계에 파급되고있는 조선의《딱지치기》놀이〉
- 서로 첫자리를 양보하려고 고집을 부리던끝에《**돌가보**》를 해서 지는 애가 먼저 부르기로 했습니다. 《한기석 : 평양의 봄》
- 량팀* 주장들인 장철갑과 고철룡이 서로 등을 돌려대고 서서 **돌가보**를 한 다음 각각 공과 자리를 차지하였다. 《김정 : 인생의 악보》

ㄷ

남측에서는 '가위바위보', 북측에서는 '가위주먹', '주먹가위' 또는 '돌가위보(돌가보)'라고 한다.

* 남측에서는 '양팀', 북측에서는 '량팀'이라고 한다.

동무 [명사]

표대 ① 늘 친하게 어울리는 사람.
② 어떤 일을 짝이 되어 함께 하는 사람.
③ 『광업』 한 덕대 아래에서 광석을 파는 일꾼.
…

조대 ❶《혁명대오에서 함께 싸우는 사람》을 친근하게 이르는 말.
② 같이 어울리여 사귀는 사람.
❸ 일반적으로 남을 무관하게 부를 때에 쓰는 말.

'동무'는 분단 이전에는 "친하게 어울리는 사람"이라는 뜻으로 남북 모두에서 쓰이던 말이었다. 그런데 남에서는 분단 이후 '동무'가 금지어가 되고 '친구'로 대체되어 '말동무, 길동무, 어깨동무'와 같은 합성어 안에서나 쓰이는 제약된 용법을 가지게 되었다.

북에서는 일반적으로 다른 사람을 부르는 말로 쓴다. 이를테면 아랫사람이나 동료 혹은 동년배인 사람의 성씨나 이름, 직위 뒤에 '동무'를 써서 '정 동무', '지형 동무'처럼 부르는 것이다. 윗사람이나 나이가 많은 사람인 경우에는 '동지'를 쓴다.

한편, 젊은 부부가 서로를 부를 때에도 북에서는 '동무'라는 말을 사용하기도 한다. 남에서는 이름 뒤에 '씨'를 써 '지형 씨'라고 부르거나 '자기야', 또는 '여보'라고 부른다.

예문

남 · 아아 나일성(羅一城) 씨 말이군요. 왔어요. 《박경리 : 토지》

· 자기야, 내 지갑에서 차비 꺼내 드려. 아저씨, 얼마예요? 《정이현 : 달콤한 나의 도시》

북 · 방긋이 열린 문틈으로 안해의 동무들과 주고받는 이야기의 토막들이 들여왔다. 〈리춘영 : 순옥이문제〉

· 안해가 남편을 향해 《동무》라는 말을 붙여 부르는것이 단 둘이 있는 경우에는 자연스럽지만 시부모와 같이 있는 자리에서는 실례로 되며 이에 대해 시부모들은 며느리가 교양이 없다고 좋지 않게 생각할수 있다. 〈송윤금 : 부부사이에 지켜야 할 부름말례절〉

· 왕동무는 더욱 힘껏 남령감* 의 팔을 잡아끌며 엄격하게 말했다. 〈리영규 : 새집〉

· 《자, 그럼 더 발언할 동무 없소?》
지배인이 이렇게 말하며 기사장쪽을 힐끗 스쳐보았다. 《리택진 : 조선공들》

· 정호동무의 누이가 오늘 결혼해요. 〈최학수 : 얼음장밑에서 찾은 봄〉

· 진숙동무, 내 좀 얘기할 일이 있습니다…. 〈리춘영 : 새현실속에서〉

---

* 남측에서는 '영감', 북측에서는 '령감'이라고 한다.

동아리 [명사]

표대 같은 뜻을 가지고 모여서 한패를 이룬 무리.

조대 부정적 인물들로 한패를 이룬 무리 또는 목적을 같이하는 한패.

남에서는 주로 "대학교에서 같은 취미나 뜻을 가진 사람들의 모임"을 가리키는 말로 쓴다. 북에서는 주로 "부정적 인물의 무리"를 가리키는 말로 쓴다.

예문

남
- 딸은 연극 구경입네 **동아리** 활동입네 하며 귀가가 늦고 … 작은아들은 그가 퇴근하기 전 이른 저녁을 대강 먹고 독서실로 직행했다. 《오정희 : 가을 여자》
- **동아리** 모임은 **동아리**방에서도 이루어졌지만, 대개는 술집에서 이루어졌다. 《장정일 : 구월의 이틀》

북
- 김막동이네 **동아리**들이 무슨 조화를 부렸는지 숱한 군졸들과 아전들을 풀어 도안의 곳곳을 샅샅이 훑었으나 땅속에 스며든 물같이 그 종적을 찾을수 없게 되였다. 《리동윤 : 해서바람》
- 바위처럼 드놀지 않는 듬직한 성미인 곽준과 몸이 가볍고 눈치가 빠른 사림은 서로 완전히 상반되는 성격이였지만 늘쌍* 한**동아리**가 되여 다녔다. 《김정희 : 의병장 곽준일가의 최후》

---

* 늘쌍 : (말체) 언제나. 늘. 《조대》

동작 (動作) [명사]

표대 ① 몸이나 손발 따위를 움직임. 또는 그런 모양.

② 무술이나 춤 따위에서, 특정한 형식을 갖는 몸이나 손발의 움직임.

…

조대 ① 몸이나 손발을 움직이는것.

❷ (자동기계나 기구 등이) 작용을 하는것.

"몸이나 손발을 움직이는 것"이라는 뜻으로 남북에서 모두 쓰인다. 북에서는 "기계나 기구 등이 작용을 받아 움직이는 것"도 '동작'이라고 한다. 남에서는 이런 경우 '작동'을 주로 사용한다. '작동'은 북의 사전에도 같은 뜻으로 올라 있으나 지난날에 쓰던 말로 다루고 있다.*

예문

남 · 비가 많이 내려서 와이퍼가 분주하게 **작동되고** 있었다.《황정은 : 모기씨》

· 은행 안에 설치된 경보기가 **작동되었는지** 사이렌 소리가 요란하게 울려 퍼졌다.《박청호 : 달콤한 인생》

북 · 영근이는 콤퓨터**를 **동작시키지** 않고 말로 하였습니다.《우리 나라》

· 주혁은 다시 기계를 운전하면서 수확기의 매 부분 **동작**상태를 유심히 살폈다. 〈원종원 : 산촌의 미소〉

· 태현은 그들앞에서 자동선을 **동작**도 시켜보고 필요한 개소들에 대한 설명도 하였으며 말썽을 부리고있는 열변형의 원인에 대해서도 자세히 이야기하였다.《최재석 : 맹세》

* 작동 : (낡) 작용을 받아서 움직이는것.《조대》

** 남측에서는 '컴퓨터', 북측에서는 '콤퓨터'라고 한다.

동지 [명사]

표대 목적이나 뜻이 서로 같음. 또는 그런 사람.

조대 ① 사상과 뜻을 같이하고 같은 목적을 위하여 투쟁하는 사람.

❷ (존함뒤에 쓰이여) 존경과 흠모의 정을 나타내는 말.

③ =동무.

* 동무 : ①《혁명대오에서 함께 싸우는 사람》을 친근하게 이르는 말.
② 같이 어울리여 사귀는 사람.
③ 일반적으로 남을 무관하게 부를 때에 쓰는 말.

ㄷ

북에서는 일반적으로 상대의 지위가 높거나 나이가 많을 때 성씨나 이름, 직위 뒤에 '동지'를 붙여 부른다. 이는 존경을 나타내는 것으로, 남에서 보통 성씨나 이름 뒤에 '선생님' 혹은 '여사'를 붙여 존경을 나타내는 것과 차이가 있다. 또한 북에서는 공적이고 격식적인 자리에서 상대가 아래 직급이거나 동료 혹은 동년배일 때 성씨나 이름, 직위 뒤에 '동무'를 붙여 부른다.

예문

남
- "아이, '하 **선생님**, 하 **선생님**' 하지 마세요. 오빠라고 해도 큰오빠뻘이나 되실 텐데요."
  "그럼 무어라고 부릅니까?"
  "그냥 제 이름을 불러 주세요. 인숙이라고요."《김승옥 : 무진기행》
- 윤 **여사님**은 우리 희망원에 은인이시랍니다. 다달이 막대한 금액을 희사해 주시죠. 아마 국내의 분 중에선 윤 **여사님**이 우리 희망원에 가장 큰 도움을 주시고 계실 겁니다.《박완서 : 우리들의 부자》

북
- 금년 꼭 40이 되는 창고계장 허**동지**는 요지음 더욱 명랑하고 유쾌해졌으며 자기 사업에 대한 영예감도 그 어느때보다 높아졌다. 〈윤세중 : 상아물뿌리〉
- **소장동무**, 우리 군에 로동계급* 으로는 **동무네**가 큰 집단인데 농촌을 지워 나는데 통이 커야 되겠소. 〈장수근 : 위성들〉
- 우리 기업소의 힘으로 안될것은 박혁진**동지**가 국가에 제기해서라도 꼭 해결해줄거예요.〈김영철 : 탄생〉
- 《중대장**동지!**》 동순특무장** 은 자리에서 다시 일어서면서 이야기를 시작하였다. 〈김재규 : 날개〉

---

* 남측에서는 '노동 계급', 북측에서는 '로동계급'이라고 한다.

** 특무장 : 인민군대에서 '사관장'을 이르던 말.《조대》

동포 (同胞) [명사]

표대 ① 한 부모에게서 태어난 형제자매.

② 같은 나라 또는 같은 민족의 사람을 다정하게 이르는 말.

조대 ① 한배에서 태여난 형제자매라는 뜻으로 《한나라, 한민족에 속하는 사람》을 이르는 말.

❷ 한패거리.

"한 부모에게서 태어난 형제자매"나 "같은 나라 또는 같은 민족의 사람"을 가리키는 말로 남북에서 모두 쓰인다. 북에서는 의미가 확대되어 "한 패거리"라는 뜻으로도 쓰인다. 남에서는 이 뜻으로 보통 '동료'나 '식구'를 쓴다.

예문

남 · 여자는 이웃에게나 동료 청소부들에게나 자식들에게나 시종 당당하게 대한다. 《박완서 : 두부》

· 이 세상을 살아가다 보면 뜻하지 않은 인연으로 식구가 되는 목숨들이 간혹 생기기 마련이다. 《양귀자 : 그리움의 재료》

북 · 같이 일하는 동포가 쉴참에 고향에서 온 편지라면서 그에게 읽어달라고 봉투를 내밀었다. 〈리량호 : 한가정에서〉

· 마침내 그놈들과 사생을 결하고자 하다가 다시 생각하고 그놈들의 한동포가 되어가는데… 《계몽기소설집》

· 집주인인 김치성이는 동포가 많이 모여서 기쁘다는 만족감보다 이 열성적인 동포들의 기대에 어그러지는 일을 해서는 큰일나겠다는 심정으로 긴장했다. 〈리은직 : 찾는 마음〉

된바람 [명사]

표대 ① 매섭게 부는 바람.

…

조대 ① 몹시 세게 부는 바람.

…

❸《강한 사회적선풍》을 이르는 말.

"몹시 세게 부는 바람"이라는 뜻으로 남북에서 모두 쓰인다. 북에서는 "세상을 강하게 흔드는 선풍"을 비유적으로 이르는 말로도 쓰인다. 남에서는 이와 유사한 의미로 대개 '돌풍'이 쓰인다.

예문

남
- 이 '갑작스러운' 조처는 신문들을 장식했고, 사회 일부에 **돌풍**을 일으켰다.《조정래 : 태백산맥》
- 평대벽돌은 건축업계에 일대 **돌풍**을 일으켰다.《천명관 : 고래》

북
- 1980년대 초엽에 평양시에 건설의 **된바람**이 불면서 수십년동안 내려오던 단층집들이 모두 헐리우고 대신 덩지 큰 아빠트들과 공공건물들이 수풀처럼 일떠섰다*.**《조승찬 : 숙원》
- 신철민은 제철소에 부임한 초기부터 일군***들속에서 혁명적학습기풍을 세우기 위해 **된바람**을 일으키고있는 터였다.《변희근 : 뜨거운 심장》

* 일떠서다 :《(건축물이나 창조물 같은것이) 건설되여 땅우에 솟아나다》를 비겨 이르는 말.《조대》

** 남측에서는 '덩치', '아파트', 북측에서는 '덩지', '아빠트'라고 한다.

*** 남측에서는 '일꾼', 북측에서는 '일군'이라고 한다.

둥글다 [형용사]

표대 ① 원이나 공과 모양이 같거나 비슷하다.

❷ 성격이 모가 나지 않고 원만하다.

조대 ① 동그라미나 공과 같이 평면이나 립체 또는 도형의 중심에서 바깥면까지의 거리가 같다. 또는 동그라미나 공과 모양이 같다.

…

"생김새가 동그라미나 공의 모양 같다"라는 뜻으로 남북에서 모두 쓰인다. 남에서는 '둥글다'가 수식하는 명사가 '공'과 같은 구체 명사에서 '성격'과 같은 추상 명사로 확대되어 "생각이나 성격이 모나지 않고 원만하다"라는 뜻으로도 쓰인다.

예문

남 · 모두 불러 모아 강강술래를 한다. 달처럼 **둥글게** 살자고 강강술래를 한다.《김태균 : 이제 신명은 없다》

· 세상을 **둥글게** 살 사람이 되려나 보다, 그렇게 좋게 생각하던 부모님도 … 뭔가가 이상하다고 생각하기 시작했다.《조우리 : 교차로》

· 성격이 **둥근** 사람은 친구도 많다.《표대》

뒷발질* [명사]

표대 ① 짐승이 뒷발로 걷어차는 짓.
② 뒤로 차는 발길질.

조대 ① 짐승이 뒤발로 차는짓.
② 뒤로 차는 발길질.
❸《뒤에서 남의 일을 헐뜯거나 방해하는것》을 비겨 이르는 말.

"짐승이 뒷발로 걷어차는 짓" 또는 "뒤로 차는 발길질"이라는 뜻으로 남북에서 모두 쓰인다. 북에서는 "뒤에서 남을 헐뜯거나 방해하는 것"을 비유적으로 이를 때에도 쓴다.

예문

북 · 엇따 대고 함부로 **뒤발질**이야. 당신앞에 서있는 인간이 그따위 행악에 심장이 덜컥거릴 초라한 졸부인줄 알았더냐.《허문길 : 폭풍의 산아》
· 임자가 뭐길래 남의 수고에 **뒤발질**이야.《김인수 : 고구려척사》

* 북에서는 '뒤발질'이라고 한다.

들볶다 [동사]

표대 ①【…을】 까다롭게 굴거나 잔소리를 하거나 하여 남을 못살게 굴다.

…

조대 (자.타)

[1] 잔소리나 까다로운 요구로 남을 못살게 굴다.

[2] 뒤떠들며 복잡하게 부산을 피우다.

"잔소리나 까다로운 요구로 남을 못살게 굴다"라는 뜻으로는 남북에서 모두 쓰인다. 북에서는 "몹시 떠들며 부산을 피우다"라는 뜻으로도 쓰인다.

예문

[북] · 그들은 지금껏 군기고의 무기를 성을 지키고있는 군사들에게 나누어주는 한편 성안으로 골려드는 피난민들을 맞아 그들도 싸움차비를 하도록 하느라고 **들볶던**중이였다. 〈김정설 : 정방산성과 김응해〉

· 정거장쪽에서 **들볶던** 총소리들도 좀 뜨음해졌다. 〈김형교 : 검정보자기〉

· 안개 자욱히 드리웠던 거리는 차츰 자기의 륜곽을 나타내며 여기저기에서 오가는 사람들로 **들볶기** 시작했다.* 〈배민옥 : 세월〉

· 반시간남짓 **들볶아대던** 소란스런 폭발소리가 뜨음해질무렵에 갑자기 나타난 적기들이 전장 상공을 한바퀴 돌고나서 내려꽂히기 시작했다. 《허춘식 : 인간의 한생》

* 남측에서는 '자욱이', '윤곽', 북측에서는 '자욱히', '륜곽'이라고 한다.

떠들다 [동사]

표대 [1] ① 시끄럽게 큰 소리로 말하다.
② 매우 술렁거리다.
[2] 【…에게 …을】【…에게 -고】 이야기나 말 따위를 큰 소리로 하다.
[3] 【…을】【-고】 ('…을' 대신에 '…에 대하여'가 쓰이기도 한다)
① 어떤 일 따위를 크게 문제 삼아 널리 퍼뜨리다.
② 견해, 입장 따위를 계속 주장하다.

조대 ① (큰 목소리로) 시끄럽게 말하다.
❷ 관심을 집중시키기 위하여 여론을 조성하다.
③ 이러쿵저러쿵 소문을 펴다.

남에서 '떠들다'는 대체로 부정적인 의미로 쓰이지만, 북에서는 "관심을 집중시키기 위하여 여론을 조성하다"라는 중립적인 의미로도 쓰인다. "철종동무가 제기한 원료대용연구문제는 공장의 울타리를 벗어나 군적인 관심사로 되여 **떠들게** 되였다. 공장내 가정부인들도 그 문제에 필요한것이라면 사소한것이라도 기탄없이 가지고나와 고무해주군 하였다."〈중소화학공장이 은을 낸다〉와 같은 용례에서 '떠들다'가 부정 혹은 긍정의 색채가 없이 중립적인 의미로 쓰인 것을 확인할 수 있다.

예문

남 · 사랑 어쩌구 **떠들어** 대고 있지만 따져 보면 동물적인 욕정의 산물이 인간 아닌가. 《김성동 : 만다라》
· 혜련은 마누라 속썩였다는 것도 자랑이라고 처음 보는 손님에게 **떠들어** 대는 이런 남자와 살고 있는 여자는 또 어떤 여잘까 싶었다. 《한수산: 모든 것에 이별을》

북 · 온 공장이 그를 두고 《로동자* 발명가》라고 **떠들어주었고** 종업원회의때면 의례히 주석단에 오르기 마련이였다. 〈최창학 : 위훈자들〉
· 이 문제를 가지고 **떠들어야겠습니다**. 벽보, 전투속보에도 내고 민청회의에도 내놓겠습니다. 《돌파구》

* 남측에서는 '노동자', 북측에서는 '로동자'라고 한다.

떠밀다 [동사]

표대 ①【…을】힘껏 힘을 주어 앞으로 나아가게 하다.

②【…을 …에/에게】【…을 …으로】어떤 일이나 책임을 남에게 넘기다.

…

조대 ① 힘껏 밀다.

❷ (어떤 일을 잘해나가도록) 힘과 용기를 주며 내밀어주다.

③ (어떤 책임이나 일을) 남에게 밀어넘기다.

"힘껏 밀다"라는 뜻으로 남북에서 모두 쓰인다. '떠밀다'가 비유적인 표현으로 쓰일 때 남에서는 "일이나 책임을 남에게 넘기다"라는 부정적인 의미로 사용되는 반면, 북에서는 이러한 의미 이외에 "어떤 일을 잘하도록 힘과 용기를 주다"라는 긍정적인 의미로도 쓰인다.

예문

남 · 약삭빠른 당번들은 모든 궂은일을 조용한 명태에게 어물쩍 **떠밀어** 버렸다. 《이지흔 : 굴》

· 하천이 오염되어 … 곯아가자 그 원인이 하천 상류에 있는 영진산업의 폐기물 유수와 침전 탓이라고 항의하는 사태가 잦았다. 그 맞대응에 회사 측은 강천동을 책임자로 등 **떠밀어** 내세웠다. 《김원일 : 전갈》

북 · 그가 남긴 귀중한 추억은 오늘까지도 여전히 엄태진이 용기를 내여 앞으로 나아가도록 **떠밀어주었다**. 《김길환 : 빛나는 길》

· 새로운 정세에 맞게 돈화조직에 내려가 유철민과 경주의 뒤를 **떠밀어주고** 올라오려는것이였다. 《415문학창작단 : 은하수》

· 태영의 눈앞에는 자신을 이처럼 성공에로 **떠밀어준** 사람들의 모습이 밤하늘의 별처럼 떠올랐다. 〈라광철 : 토양〉

뜬금 [명사]

표대 일정하지 않고 시세에 따라 달라지는 값.

조대 ① (물건값이) 일정하지 않고 그때그때의 시세에 따라 달라지는 값.

❷ (주로 《뜬금으로》, 《뜬금에》형으로 쓰이여) 직접 보지 않고 머리에 남아있는 기억만 가지고.

ㄷ

"시세에 따라 달라지는 값"이라는 뜻으로는 남북에서 모두 쓰인다. 북에서는 주로 '뜬금으로 외우다'의 형태로 쓰여, "보지 않고 기억만으로"라는 뜻으로도 쓰인다. "그는 원고 준비가 없이 그냥 맨 **뜬금으로** 일장 열변을 토하기 시작하였다."〈동아일보〉(1953.5.1.)에서 알 수 있듯 남에서도 과거에는 사용되었으나 현재는 쓰임이 확인되지 않는다.

남에서는 '뜬금없다', '뜬금없이'라는 말을 쓰는데, "갑작스럽고 엉뚱하다", "갑작스럽고 엉뚱하게"라는 뜻이다.

예문

남
- **뜬금없는** 소리인데 나는 본능적으로 묘한 불안감을 느꼈다.《황선미 : 사라진 조각》
- 부녀가 차를 마시던 중 연수가 **뜬금없이** 이야기를 꺼냈다.《노희경 : 세상에서 가장 아름다운 이별》

북
- 글은 몰랐지만 **뜬금으로도** 패말의 제 이름자만은 알수 있었다. 〈리동구 : 지경패말〉*
- 수십년전에 쓴 보내지 못한 편지, 색이 바래고 글줄이 희미해졌으나 이제는 수백번을 읽어보아 **뜬금으로** 읽을수 있다. 〈우길제 : 그날은 꼭 올것이다〉
- 원, 총기두 좋소. 그 노래가락을 **뜬금으로** 다 외우다니….《김수범 : 영원한 미소》

* 남측에서는 '팻말', 북측에서는 '패말'이라고 한다.

띠동갑 (-同甲) [명사]

표대

❶ 띠가 같은 사람. 주로 12살 차이가 나는 경우를 이른다.

② → 자치동갑.

…

조대

《자치동갑》을 이르는 말.

'자치동갑'은 "나이가 한 살 차이 나는 동갑"이라는 뜻인데, 이와 같은 말인 '띠동갑'에 대하여 남에서는 비규범어로, 북에서는 규범어로 처리하고 있다. 《큰 사전》(1957)을 통해 알 수 있듯이 '띠동갑'의 본뜻은 '자치동갑'과 같은 것인데, 북과 달리 남에서는 이런 의미로 쓰지 않고 "띠가 같은 사람" 즉, "12의 배수로 나이 차이가 나는 사람"이라는 의미로 사용하는 것이다.

예문

남 · **띠동갑**, 열두 살 아래 젊은 여자와 결혼까지 해 알콩달콩 잘 살고 있는 사람이 뭐가 불쌍해?《전상국 : 춘심이 발동하야》

· 우리가 **띠동갑**이니 너하고 나하고 딱 십이 년 차구나.《공선옥 : 이 한 장의 흑백 사진》

북 · 그들은 **띠동갑**이였다. 곱단이도 이십이 훨씬 넘었는데 엄기락은 그보다 한살을 더 먹었다.《리기영 : 두만강》

마감 [명사]

표대 ① 하던 일을 마물러서 끝냄. 또는 그런 때.

② 정해진 기한의 끝.

조대 ① 일을 마무려서 끝내는것 또는 그때나 그 단계.

❷ = 마지막.

* 마지막 : 시간적으로나 차례에서 맨 나중이나 맨끝.

③ 기한의 끝.

❹《체육》수영경기나 달리기경기에서 마지막 또는 마지막 한바퀴.

"하던 일을 끝내는 것"이나 "정해진 기간의 끝"을 이르는 가리키는 남북에서 모두 쓰인다. '마지막'이라는 뜻은 북의 사전에만 실려 있는데, 남에서의 '경기 종료'를 북에서는 '경기 마감'이라고 하는 경우가 이에 해당한다. 북에서는 "수영이나 달리기 경기에서 마지막 또는 마지막 한 바퀴"를 가리키는 말로도 쓰이는데, 남에서는 이런 용법이 발견되지 않는다.

예문

남 · **마감** 시간이 다 되어 입금시킬 수표를 들고 온 그녀에게 그는 미리 약속 시간과 장소를 써 두었던 메모지를 내밀었다. 《이순원 : 얼굴》

· 서류 접수 **마감**은 이 주 후였다. 《조해진 : 유리》

북 · **경기마감**고비에 이르러 … 계집애가 갈게* 처럼 두주먹을 추켜들고 발을 구르고있었다. 〈김인규 : 정다운 미소〉

· 나이가 어쨌다구 자꾸 나이타령이야. 이보라구, 일생은 마라손** 과두 같은거야. **마감**속도가 제일 중요하단말이요. 알겠소? 〈박춘섭 : 보금자리〉

· 머리를 끄덕이며 예경의 이야기를 **마감**까지 듣고나신 아버지는 빙그레 웃으셨습니다. 《장의복 : 특별숙제》

· 물론 올해에도 경쟁을 했고 모든 분조*** 들을 알곡생산고와 분배몫을 기준으로 하여 1등부터 **마감**까지 순위를 매기였습니다. 《김삼복 : 대지의 딸》

· 이 사실은 세계적인 규모의 마라손경기대회에서 녀자**** 선수가 훌륭히 **마감**까지 달린것으로 하며 전파를 통해 세계에 널리 알려졌다. 《김덕철 외 : 결승선》

---

* 갈게 : 게의 한가지. 등껍질은 진한 푸른색이고 집게발부분은 누런 흰색이다. 두번째, 세번째 걷는 다리의 발목마디와 앞마디의 앞가장자리에 길고 부드러운 털이 빽빽이 나있다. 강어귀나 바다가의 습한 곳 또는 논에서 산다. 우리 나라와 중국, 일본에 퍼져있다. 사람이 먹기도 하며 닭모이로도 쓴다. 《조대》

** 남측에서는 '마라톤', 북측에서는 '마라손'이라고 한다.

*** 분조 : ① (일정한 조직체에서) 기층조직이나 기본조직의 아래에 조직하는 작은 단위.
② 협동농장에서 작업반밑에 조직되여있는 집단생활의 세포이며 생산 및 로력조직의 맨 아래 단위. 《조다》

**** 남측에서는 '여자', 북측에서는 '녀자'라고 한다.

마당발 [명사]

표대 ① 볼이 넓고 바닥이 평평하게 생긴 발.

❷ 인간관계가 넓어서 폭넓게 활동하는 사람.

조대 볼이 썩 넓고 바닥이 평평하게 생긴 발.

"볼이 넓고 바닥이 평평하게 생긴 발"이라는 뜻으로는 남북에서 모두 쓰인다. 남에서는 "사람들과의 사귐이 많고 폭넓게 활동하는 사람"이라는 뜻으로도 쓰인다.

ㅁ

예문

남 · 경찰의 사람 찾기 연락망을 통해 수소문하면 된다고들 하던데 자네의 **마당발** 안면을 살려 손 좀 써 주게나 가소롭다 말고.《최일남 : 아주 느린 시간》

· 동현 씨나 그 사람 친구들을 동원해 보면 혹시 그 여자 사진을 구할 수 있을지 몰라. 동현 씨가 **마당발**이잖아.《권지예 : 4월의 물고기》

· 선배는 일 꾸미기를 좋아하는, 끊임없이 행사를 기획하고 책을 만들어 내는 사람이었다. 이 **마당발** 취향이 또 무슨 일을 벌이려나….《서하진 : 회전문》

북 · 조반상을 든 정씨부인이 볼이 넓다란 **마당발**을 성큼성큼 옮겨짚으며 방으로 들어왔다.〈김정민 : 망이〉

마련

표대 「의존명사」 ① ('-기/-게 마련이다' 구성으로 쓰여) 당연히 그럴 것임을 나타내는 말.
② ('-은/던 마련으로' 구성으로 쓰여) '그런 정도나 상태로'의 뜻을 나타내는 말.

…

조대 「명사」

…

③ (《게》, 《기》형 다음에 쓰이여) 필연적으로 그렇게 되도록 되여있다는 뜻.

❹ (《았게, 었게, 였게》, 《았기, 었기, 였기》다음에 쓰이여) 《망정》의 뜻.

"준비하여 갖추는 것"이라는 뜻으로는 남북에서 모두 쓰인다. 기본 의미에서 확대된, "어떤 일을 하기 위한 속셈이나 궁리"라는 뜻에서도 남북 차이가 없다. 한편 북에서는 '-었기/-었게 마련' 등으로 쓰여 '망정'이라는 뜻으로 쓰이기도 한다. 즉 북에서는 '-었기 마련', '-었기 망정'이 모두 쓰이며, 남에서는 이 맥락에서 '-었기 망정'의 형태만이 쓰인다.

예문

남
- 나는 사진까지 꺼내 주었다. 마침 그런 것이 수첩 속에 들어 있었기 **망정**이지, 없었으면 더 오래 시비가 붙었을 것이다. 《이제하 : 진눈깨비 결혼》
- 마침 대목이었기에 **망정**이지 그렇지 않았으면 벌써 쫓겨났을지도 모른다. 《박완서 : 그 산이 정말 거기 있었을까》

북
- 길을 차근차근 가르쳐주었기**마련**이지 하마트면 찾지 못할번 하였다.* 《조대》
- 다행히 마라손** 이 더는 편심*** 을 설수 없게 된 체육종목이니 **마련**이지 다른 체육종목이라면 별의별 구실을 걸어 일본선수를 우승자로 내세웠을지도 모른다. 〈민족의 장한 딸〉

---

* 남측에서는 '하마터면', '못할 뻔하였다', 북측에서는 '하마트면', '못할번 하였다'라고 한다. 북에서는 '번'을 항상 의존명사르 보지만, 남에서는 '뻔' 뒤에 '하다'가 바로 올 경우 '뻔하다' 전체를 보조 형용사로 본다.

** 남측에서는 '마라톤', 북측에서는 '마라손'이라고 한다.

*** 편심 : (경기심판에서) 공평하지 못하고 어느 한쪽에만 리롭게 심판하는것. 《조대》

맹랑하다 (孟浪--) [형용사]

표대 ① 생각하던 바와 달리 허망하다.

❷ 하는 짓이 만만히 볼 수 없을 만큼 똘똘하고 깜찍하다.

③ 처리하기가 매우 어렵고 묘하다.

조대 ① 생각하던바와는 달리 허망하다.

② 처리하기가 만만치 않게 딱하거나 엉뚱하다.

"생각하던 바와 달리 허망하다"나 "처리하기가 어렵다"라는 뜻으로는 남북에서 모두 쓰인다. 북에서는 주로 "허망하거나 어렵다"라는 부정적인 의미로만 쓰이는데, 남에서는 "함부로 얕잡아 볼 수 없을 만큼 행동이 똘똘하거나 깜찍하다"라는 긍정적인 의미로도 쓰인다.

예문

남 · 어떻게 저리 예쁘고, 맵시 있고, 아름답고, 절묘하고, **맹랑하고**, 얄궂을까! 《신동흔 : 춘향전》

· 저의 언니와 오빠에게 얻어터지면서도 끝까지 지지 않고 덤비는 **맹랑한** 아가씨였다. 《이정환 : 샛강》

북 · 귀중한 시간은 **맹랑하게** 흘러갔다. 《황민 : 푸른숲》

· 인간세상에서 겪어야 했던 온갖 고통이 허무하고 **맹랑하게** 생각되였다. 《오희복 : 오대산의 선녀못》

· 참 일이 **맹랑하게** 됐네. 〈탁숙본 : 출장길에〉

ㅁ

면접 (面接) [명사]

표대 ① 서로 대면하여 만나 봄.

❷ = 면접시험.

* 면접시험 : 직접 만나서 인품(人品)이나 언행(言行) 따위를 평가하는 시험. 흔히 필기시험 후에 최종적으로 심사하는 방법이다.

조대 상대편을 맞아들여 마주 대하는것.

"서로 대면하여 만나 봄"이라는 뜻은 남북에서 모두 쓰인다. 한편 남에서는 직접 만나 인품이나 언행 등을 평가하는 시험도 '면접(시험)'이라고 하는데, 학생을 선발하거나 직원을 채용할 때, 또는 자격시험 등에서 대개 필기시험을 치른 후 다음 단계의 시험으로 치러진다.

예문

남 · 작년 9월에, 지금 다니는 회사에 **면접시험**을 치를 때에 한 이사님을 보았어요. 《윤영수 : 내 창가에 기르는 꽃》

· 첫 **면접**이었고, 결과는 오리무중이다. 《한재호 : 부코스키가 간다》

북 · 군시절의 동료들도 옛친구들도 후환이 두려워 그와의 **면접**을 꺼려했다. 〈강성일 : 우리 딸〉

명절 (名節) [명사]

표대 ① 해마다 일정하게 지키어 즐기거나 기념하는 때. 우리나라에는 설날, 대보름날, 단오, 추석, 동짓날 따위가 있다.

② 국가나 사회적으로 정하여 경축하는 기념일.

조대 ① 나라와 민족에게서 의의깊고 경사스러운 날로서 국가적으로나 사회적으로 경축, 기념하는 날.

② 사회의 일정한 부문이나 인민경제의 한 부문에서 경축하는 기념일.

❸ 세계인민들의 전투적련대성을 강화하기 위하여 경축하는 기념일. 전세계 로동계급의 전투적단결을 시위한 5. 1절과 3. 8국제부녀절 같은것이다.

④ 해마다 민속적으로 즐겨오는 날 곧 설, 정월대보름, 한가위 같은것.

ㅁ

"국가적, 사회적 기념일"이라는 뜻으로 남북 사전에 모두 실려 있지만 남에서는 일반적으로 설, 추석 등 민속 명절만을 '명절'이라고 하고, 법으로 정한 국가의 기념일은 '국경일'이라고 한다. 남의 국경일에는 '삼일절', '제헌절', '광복절', '개천절', '한글날' 등이 있다.

북에서는 민속 명절뿐만 아니라 국경일과 각종 기념일도 '명절'이라고 한다. 북쪽 최대의 명절은 정치 지도자들의 생일, 노동당과 공화국의 창건 기념일이다. '태양절', '광명성절', '국경절' 등이 이에 해당한다. 남에서 국경일로 기념하는 '개천절'에는 북에서도 '단군제'라는 제사를 지내고 기념행사를 진행하고 있지만 이 날을 '쉬는날'* 로 지정하지는 않았다.

* 남측에서는 '공휴일', 북측에서는 '쉬는날'이라고 한다.

예문

남 · 설날이 우리 민족의 최대 **명절**이지만 미국에 살면서 설을 … 큰 **명절**로 지내기란 쉽지가 않다.《정찬열 : 쌍코뺑이를 아시나요》

· 설이 차분하게 새해를 맞는 **명절**이라면, 보름은 기운차게 새해를 시작하는 **명절**이었다.《조정래 : 태백산맥》

북 · 조선인민군창건기념일을 눈앞에 둔 3중대는 **명절**분위기에 휩싸여있었다.《최봉무 : 일곱번째 상봉》

· **태양절**이여, 태양민족의 영원한 **명절**이여! 〈안경철 : 태양절〉

민족적 또는 국가적 명절이나 그 밖의 경사스러운 일을 기념하려고 밤에 베푸는 행사를 북측 말로 '경축야회'라 한다. 위 사진은 청년들이 국가적 명절을 맞아 '경축야회'를 진행하고 있는 모습이다.

모자 (帽子) [명사]

표대 ① 머리에 쓰는 물건의 하나. 예의를 차리거나 추위, 더위, 먼지 따위를 막기 위한 것이다.
② = 갓모자.
* 갓모자 : 갓양태 위로 우뚝 솟은 원통 모양의 부분.

조대 ① (례의를 갖추거나 추위, 더위를 막거나 그밖에 필요에 따라) 머리에 쓰도록 만든 물건.
❷ (일정한 단어와 함께 쓰이여) 《부당하게 뒤집어쓰는 책임이나 루명》을 비겨 이르는 말.
❸ (일정한 단어와 함께 쓰이여) 《어떤 사물의 내용이나 본질을 가리우기 위하여 겉으로 내건 명목》을 비겨 이르는 말.

"추위, 햇빛, 먼지 등을 막거나 예의를 차리려고 머리에 쓰는 물건"이라는 뜻으로 남북에서 모두 쓰인다. 한편 북에서는 "본질을 가리려고 내건 명목"이라는 비유적인 의미로도 쓰인다. 모자를 쓰면 머리를 가리게 되는데, 이러한 특성에서 본질을 가린다는 의미가 파생된 것으로 보인다.

북에서는 "부당하게 뒤집어쓰는 책임이나 누명"을 비유적으로 이를 때에도 '모자'를 사용한다. 이와 관련하여 북의 '감투'에서도 유사한 의미를 찾아볼 수 있다. '감투'가 남북에서는 모두 "말총, 가죽, 헝겊 같은 것으로 탕건 비슷하게 만든, 남자 어른이 머리에 쓰던 쓰개"의 뜻이나 '탕건'을 속되게 이르는 말 등으로 쓰이는데, 북에서는 "억울하게 뒤집어쓰는 책임이나 누명"을 뜻하는 말로도 쓰이는 것이다.

예문

북 · 주재소에서는 강주활이가 오는 날로 그에게 《야경반》의 《부반장》이라는 **모자**를 씌워주었으며 그를 송중리 《야경반》안에서도 가장 믿음직한 심복으로 만들어보려고 했던것이다. 《김종원 : 아름다운 밤》

· 《도적년》 **감투**를 씌운 그 돈의 내막을 당당히 까밝힌 다음 그 부근 어딘가에 뿌리를 박았더라면 후에 우리가 당했던 가슴터지는 생리별* 따위는 빚어지지 않았을는지 모르오. 《현희균 : 그들의 운명》

· 동무가 오활동무의 자유주의를 비판한것은 옳았으나 《타락》이란 **감투**를 씌운데는 찬성할수 없소. 원칙적으로 비판하는것과 **감투**를 씌우는것은 서로 다르니까…. 《백현우 : 젊음을 자랑하라》

* 남측에서는 '생이별', 북측에서는 '생리별'이라고 한다.

몽글다 [형용사]

표대 ① 낟알이 까끄라기나 허섭스레기가 붙지 않아 깨끗하다.

❷ 가루 따위가 미세하고 곱다.

…

조대 ① 곡식이 꺼끄러기가 없이 알속있게 깨끗하다.

② 알속이 있다.

"낟알이 까끄라기가 없고 깨끗하다"라는 뜻으로 남북에서 모두 쓰인다. 남에서는 "가루 등이 미세하고 곱다"라는 뜻으로도 쓰인다.

예문

남 · 가늘고 **몽근** 흰모래는 구멍 속으로 물처럼 솔솔 들어갔다.《한승원 : 해일》

· 발 굵은 희색 소금을 사 쓰는 형편이라 이를 닦자면 그것을 **몽글게** 빻아야 했다.《조정래 : 태백산맥》

무급 (無給) [명사]

표대 급료가 없음.

조대 일정한 직책에 대한 로임이 규정되여있지 않고 다른 직책과 겸하게 되여있는것.

남에서는 "급료가 없음"이라는 글자 그대로의 의미로 쓰인다. 남에서 '무급의 일'이라고 하면 그것은 노동에 대한 보수 없이 하는 일을 의미한다. 한편 북에서는 '무급'이 글자 그대로의 의미가 아닌 "급료를 정하지 않고 다른 직책을 겸하는 것"이라는 뜻으로 쓰인다. 전문성이 강하여 한 직책에 전념하는 경우가 '유급'이라면, 그보다는 전문성이 덜하여 여러 직책을 두루 맡아보는 경우가 '무급'에 해당한다. '무급일군'과 대조되는 '유급일군'은 다른 직책을 겸하지 않고 전문적으로 자기 직책을 수행하는 노동자를 가리킨다.

예문

남 · 나머지 열여덟 명의 직원이 **무급**의 재택근무라는 사실상의 실업 상태로 들어갔다. 《전경린 : 장미십자가》

· 무엇보다 **무급**의 일은 사양하고 싶었다. 《공선옥 : 이유는 없다》

북 · 알뜰은 지금까지 **무급**일군으로 녀맹사업* 에 관계하였으나 이제부터는 유급일군으로 전문녀맹사업을 하여야 하였다.** 《백현우 : 불을 다루는 사람들》

ㅁ

---

* 녀맹사업 : 녀성동맹대렬을 튼튼히 꾸리고 동맹의 전투적기능을 충분히 발휘하게 하는 사업. 《조대》

** 남측에서는 '일꾼', 북측에서는 '일군'이라고 한다.

무성하다 (茂盛--) [형용사]

표대 ① 풀이나 나무 따위가 자라서 우거져 있다.

② 털이나 뿌리 따위가 엉킬 정도로 마구 자라 있다.

❸ 생각이나 말, 소문 따위가 마구 뒤섞이거나 퍼져서 많다.

조대 ① 나무나 풀이 우거져 성하다.

…

"나무나 풀이 자라 우거져 있다"라는 뜻으로는 남북에서 모두 쓰인다. '무성하다'가 "털이나 뿌리" 등과 함께 쓰여 "털이나 뿌리 등이 엉킬 정도로 마구 자라 있다"라는 뜻으로도 쓰이는데, 이 뜻은 남의 사전에만 실려 있으나 북에서도 쓰인다. 북의 말뭉치에서 "넓적한 얼굴에 구레나룻이 **무성하다**."〈김영석 : 별〉과 같은 용례가 검색된다. 한편 남에서는 "생각이나 말, 소문 등이 매우 많고 널리 퍼져 있다"라는 뜻으로도 쓰인다. '무성하다'가 수식하는 명사가 식물이나 털 등의 구체 명사에서 말이나 소문 등의 추상 명사로 확대되어 의미가 파생된 것이다.

예문

남 · 그럴수록 내 속에서는 기필코 진무리에 가봐야겠다는 생각이 한층 더 **무성하게** 피어올랐다.《한동림 : 달꽃과 늑대》

· 사촌 여동생은 **무성한** 소문만 남긴 채 한 번도 집안사람 앞에 나타나지 않았다.《최윤 : 길랍 호숫가로의 여행》

무지개 [명사]

표대 공중에 떠 있는 물방울이 햇빛을 받아 나타나는, 반원 모양의 일곱 빛깔의 줄. 흔히 비가 그친 뒤 태양의 반대쪽에서 나타난다. 보통 바깥쪽에서부터 빨강, 주황, 노랑, 초록, 파랑, 남, 보라의 차례이다.

조대 공기가운데 떠도는 수많은 물방울들에 반사되는 빛의 꺾임으로 말미암아 공중에 아름다운 일곱가지 빛갈이 층을 이루고 활등모양으로 나타나는 현상.

무지개의 일곱 가지 색을 이를 때, 남에서는 각 색의 이름에서 첫 글자를 따 '빨주노초파남보'라고 하며, 북에서는 한자를 써서 '적등황록청람자(赤橙黃綠靑藍紫)'라고 한다.

예문

남 · 너, 별 생각을 다 하는구나. 색은 색일 뿐이야. **빨주노초파남보** 중 하나야.《현기영 : 누란》

· **빨주노초파남보**라는 **무지개** 빛깔, 세상에서 가장 휘황찬란한 것이 그것 아닙니까? **무지개** 빛깔이란 것은 청춘의 빛깔, 꿈의 빛깔, 얼떨떨한 사랑의 빛깔, 뜨거운 환혹의 빛깔…… 뭐 그런 것 아닙니까?《한승원 : 사람은 무슨 재미로 사는가》

북 · 적록맹에 걸린 사람은 전체 스펙트르를 두개의 기본색조 즉 황색(스펙트르의 **적-등-황-록색** 부분을)과 청색(스펙트르의 **청-람-자색** 부분을)으로 감수한다.《교육도서출판사 : 심리학》

ㅁ

바쁘다 [형용사]

표대 [1] ① 일이 많거나 또는 서둘러서 해야 할 일로 인하여 딴 겨를이 없다.
② 몹시 급하다.
[2] 【-기에】 한 가지 일에만 매달려 딴 겨를이 없다.
[3] (주로 '-기(가) 바쁘게' 구성으로 쓰여) 어떤 행동이 끝나자마자 곧의 뜻을 나타낸다.
…

조대 [1] ① 일이 많거나 급히 해야 할 일로 겨를이 없다.
② 매우 급하다.
③ (《-기(가) 바쁘게》 형으로 쓰이여) 어떤 일이나 현상이 끝나자 곧.
[2] ❶ 힘에 부치거나 참기 어렵다.
❷ 매우 딱하다.

"일이 많거나 급해서 겨를이 없다"라는 뜻으로 남북에서 모두 쓰인다. 한편 북에서는 "힘에 부치거나 참기 어렵다"라는 뜻으로도 쓰인다. '결심하기 바쁜 일'이라고 하면 '결심하기 어려운 일' 정도로 이해할 수 있다. 또한 북에서는 "매우 딱하다"라는 뜻으로도 쓰인다.

예문

북 · 발붙이기 **바쁘지** 않는가, 물속의 동무들에게 물어보시오. 〈백철수: 눈석이꽃〉
· 원리적으로는 뻔한데 아무래도 우리 힘으로는 **바쁘지** 않겠습니까? 〈조병언: 밀어주는 사람들〉
· 정말 그때는 결심을 채택하기가 여간 **바쁘지** 않더구만. 〈장수봉: 시험을 앞두고〉
· 참, 그녀석 솜옷이 올겨울나기 **바쁘지** 않겠소? 〈김동욱: 정원길〉
· 자기 말이 나오자 덕훈은 제자랑하기도 거북하고 제가 한다고 해서 다 그렇게 할수 있다고 말하기도 **바쁘다**는 생각이 들던지 안전등으로 이야기를 가져갔다. 〈병사의 고향〉

반영 (反映) [명사]

표대 ① 빛이 반사하여 비침.
② 다른 것에 영향을 받아 어떤 현상이 나타남. 또는 어떤 현상을 나타냄.
…

조대 ① 반사하여 비치는것.
…
❸ 어떤 문제에 대한 여론이나 의견 또는 그것을 해당한 조직이나 일군에게 제기하여 알리는것.
④ 속생각을 겉으로 드러내서 내비치는것.

"빛이 반사하여 비침"이라는 뜻으로 남북에서 모두 쓰인다. 한편 북에서는 "어떤 문제에 대한 여론이나 의견을 알리는 것. 또는 그 여론이나 의견"이라는 뜻으로도 쓰인다. 남에서는 문제에 대한 여론이나 의견이 받아들여져 현상으로 나타날 때에만 '반영'이라고 하고, 그 여론이나 의견을 이를 때에는 '반응'을 주로 쓴다.

예문

북 · 같은 음악작품을 연주하는 경우에도 그 연주가 좋은 **반영**을 불러일으키기도 하고 때로는 그렇지 못하게 되는 경우도 있는데 이것은 지휘자의 능력과 많이 관련된다. 〈지휘자와 음악연주〉
· 다른 동무들의 **반영**도 좋습니다. 〈김원선 : 열도〉
· 지금 적지 않은 부락들에서 농민들이 너무 깊이 간다는 **반영**이 올라오고있소. 《천세봉 : 석개울의 새봄》

참고

남 · 객석의 **반응**에 따라 여가수의 목소리에 점점 더 힘이 생겼다. 《강영숙 : 리나》
· 나는 교실에서 강의를 하는 심정이 되어서, **반응**을 살피기 위해 잠깐 호흡을 조절했다. 《박금산 : 바디페인팅》

ㅂ

밝히다 [동사]

표대

[1]【…을】① '밝다'의 사동사.

② 빛을 내는 물건에 불을 켜다.

③ ('밤'을 목적어로 하여) 자지 않고 지내다.

④ 눈, 신경, 두뇌 따위의 작용을 날카롭게 하다.

⑤ 드러나게 좋아하다.

⑥ 진리, 가치, 옳고 그름 따위를 판단하여 드러내 알리다.

[2]【…에/에게 …을】드러나지 않거나 알려지지 않은 사실, 내용, 생각 따위를 드러내 알리다.

…

조대

① 어두운것을 환히 밝게 하다.

② (사상, 전략전술, 방침, 방도 등을) 제시하거나 내놓다.

③ (본질이나 사실이나 리치 등을) 따져서 똑똑하게 알리거나 해설하다.

④ 자지 않고 밤을 새우다.

⑤ (세상이나 세계를) 진리로 환하게 하거나 빛내이다.

⑥ (주로 명사《눈》과 함께 쓰이여) 고도로 신경을 집중시키다.

❼ (모습, 인상, 기억, 회상 같은것이) 되살아나거나 떠오르다.

⑧ (무엇을) 지나칠 정도로 좋아하거나 입에 당기여 즐겨하다.

⑨ 몹시 욕심을 내여 차지하고싶어하거나 가지고싶어하다.

"어떤 장소나 공간을 사물이 뚜렷이 보일 정도로 빛이 많거나 환하게 하다"라는 뜻으로 남북에서 모두 쓰인다.

한편 북에서는 '밝혀오다'로 쓰여 "모습, 인상 등이 되살아나거나 떠오르다"라는 뜻으로도 사용된다. 남에서는 이에 대응하는 말로 '되살아나다'나 '떠오르다' 정도를 쓴다.

예문

북 · 그의 눈앞에는 공주의 화상을 그리던 가슴쓰린 추억이 삼삼히 **밝혀왔다**. 〈정은섭 : 고구려화공〉

· 나의 머리에는 매일아침 새날이 밝을무렵이면 바께쯔와 비자루를 들고 사적지로 나가는 막내의 소행보다도 그애 오빠에 대한 생각이 먼저 **밝혀왔다**.*〈최봉무 : 우리 집〉

· 나의 눈앞에 … 박정규의 억센 모습이 **밝혀왔다**. 〈리호인 : 첫번째 편지〉

참고

남 · 나는 고등학교 고문(古文) 시간에 배운 두보의 시가 어렴풋이 **떠올랐다**. 《윤후명 : 호궁》

ㅂ

* 남측에서는 '바께쓰', '빗자루', 북측에서는 '바께쯔', '비자루'라고 한다.

방조 (幇助, 幫助) [명사]

표대 『법률』 형법에서, 남의 범죄 수행에 편의를 주는 모든 행위. 정범(正犯)의 범죄 행위에 대한 조언, 격려, 범행 도구의 대여, 범행 장소 및 범행 자금의 제공 따위가 있다.

조대 거들어서 도와주는것.

남에서는 "남의 범죄를 도와주는 모든 행위"를 뜻하지만, 북에서는 불법 행위를 돕는다는 부정적인 의미 없이 "거들어서 도와주는 것"의 뜻으로만 쓴다. 이러한 차이는 '방조자'에도 나타난다. "거들어 도와주는 사람이나 단체"라는 의미는 같지만 남에서는 '자살 방조자', '폭력의 방조자'와 같이 비난의 대상으로 쓰이고, 북에서는 '당의 충실한 방조자', '믿음직한 방조자', '참다운 방조자'와 같이 긍정적인 평가를 받는 대상으로 쓰인다.

예문

남
- 그렇다 해도 **방조했다는** 비난을 피하기 어려울 텐데. 《이순원: 에덴에 그를 보낸다》
- 여러분은 그 살인 미수 사건의 간접적인 공범자거나 **방조자** 내지 방관자입니다. 《홍성원 : 마지막 우상》

북
- 그의 사심없는 **방조**, 정열적인 고무가 없었더라면 자기가 이것을 완성할번* 이나 했던가. 〈윤경찬 : 두 기사에 대한 이야기〉
- 미안해요. 제가 지질기사동지의 일에 무슨 **방조**를 드릴수 있겠어요. 〈김봉철 : 그를 알기까지〉
- 세포대에서는 그들의 공연활동을 적극 **방조했다**. 〈김청남 : 30년후〉
- 어쨌든 청년들은 자기가 가지고있는 책이며 새로 사온 책들을 그에게 집결시켜 그의 훌륭한 의도를 **방조했지요**. 〈장석환 : 추억〉
- 나의 **방조자**가 되여주오. 나의 심장에 열도를 더해주는 나의 과학, 나의 미래의 영원한 길동무가 되여주오. 보옥동무! 〈양의선 : 거대한 날개〉
- 인간으로서의 향취가 짙게 풍겨야 뜻을 함께 나눌수 있는 벗들두 생겨나구 어려운 땐 **방조자**도 뒤따르게 마련이거던. 《황용국 : 이땅을 사랑하라》

---

* 남측에서는 '완성할 뻔하다', 북측에서는 '완성할번 하다'라고 한다. 북에서는 '번'을 항상 의존명사로 보지만, 남에서는 '뻔' 뒤에 '하다'가 바로 올 경우 '뻔하다' 전체를 보조 형용사로 본다.

밭다 [동사]

표대 ① 액체가 바싹 졸아서 말라붙다.
❷ 몸에 살이 빠져서 여위다.
❸ 근심, 걱정 따위로 몹시 안타깝고 조마조마해지다.

조대 액체가 바싹 줄어들어 말라붙다.

"액체가 바싹 졸아서 말라붙다"라는 뜻으로 남북에서 모두 쓰인다. 남에서는 '밭다'가 '살' 등과 함께 쓰여 "살이 빠져서 여위다"의 뜻을 나타내거나 '애, 간' 등과 함께 쓰여 "근심, 걱정 등으로 조마조마해지다"라는 뜻을 나타내기도 한다.

예문

남
- 그럴싸한 소식은 없고 이따금 안에서 찢겨 나오는 비명 소리에 창자만 **밭아** 올랐다.《송기숙 : 자랏골의 비가》
- 그렇지 않아도 작은 몸이 그나마 한 주먹 안에 잡힐 만큼 **밭아진** 이기채는 넋이 나간 사람같이 보였다.《최명희 : 혼불》
- 찌그렁이라도 부려 보고 싶은 준희의 마음은 조금 더 **밭아졌다**.《유순하 : 아주 먼 길》

북
- **밭아서** 더께가 일게 된 풀.《조대》

ㅂ

벗어지다 [동사]

표대

① 덮이거나 씌워진 물건이 흘러내리거나 떨어져 나가다.

❷ 누명이나 죄 따위가 없어지다.

③ 머리카락이나 몸의 털 따위가 빠지다.

④ 피부나 거죽 따위가 깎이거나 일어나다.

⑤ 때나 기미 따위가 없어져 미끈하게 되다.

조대

① (쓰거나 입거나 걸치거나 신었던것이) 그 자리에서 떨어져나가다.

② (덮거나 가린것이) 밀려나가게 되거나 젖혀지다.

③ (껍질이나 허물 같은것이) 몸에서 떨어져나가다.

④ 지거나 메거나 걸었던것이 내려지거나 빠져나가다.

⑤ (끼였던 안개, 구름 등이) 흩어져 없어지다.

⑥ (무엇에 스쳐 살갗이나 겉이) 찢겨 일어나다.

⑦ (몸의 털 같은것이) 빠져 없어지게 되다.

⑧ 머리털이 빠져서 대머리가 되다.

⑨ (일정한 태도나 티가) 가시여 없어지다.

❿ (일정한 범위나 한계밖으로) 나가게 되다.

"덮이거나 씌워진 물건이 떨어져 나가다"의 뜻으로 남북에서 모두 쓰인다. 남에서는 "누명이나 죄 등이 없어지다"의 뜻으로 쓰이기도 한다.* '벗어지다'가 '물건' 이외에도 '누명, 죄' 등과 호응할 수 있게 되어 의미가 확대된 것이다. 한편 북에서는 "일정한 범위나 한계 밖으로 나가게 되다"의 뜻으로도 쓰인다. 남에서는 이런 맥락에 '벗어나다'를 주로 쓴다.

---

* 이와 유사한 용법으로 북에서는 '벗겨지다'를 쓴다. 북의 말뭉치에서 "《민생단》혐의 루명이 벗겨지고 그 저주로운 《문서》보따리가 불에 타 없어졌을 때 학실동지는 눈물을 머금고 말하였다."〈조선의 딸, 녀장군〉과 같은 용례가 검색된다.

예문

남 · 간첩의 혐의는 증거 불충분으로 **벗어졌으나**…. 《이병주 : 관부 연락선》

· 누명이 **벗어져** 다행이다. 《표대》

북 · 구승백은 대동군의 읍에서 조금 **벗어진** 산기슭 홀로 사는 누이의 집에서 살고있었다. 《방정강 : 흥남의 해돋이》

· 차길** 에서 **벗어진** 눈덮인 골목길은 손밀차가 겨우 어길 정도로 비좁았다. 〈홍일화 : 어머니의 노래〉

참고

남 · 진앙지에서 멀리 **벗어난** 지역이어서인지, 가게 주변 일대는 조용한 편이었다. 《송상옥 : 흔들리는 땅》

ㅂ

** 남측에서는 '찻길', 북측에서는 '차길'이라고 한다.

변태 (變態) [명사]

표대

① 본래의 형태가 변하여 달라짐. 또는 그런 상태.

② 정상이 아닌 상태로 달라짐. 또는 그 상태.

…

❺ 『심리』 정상이 아닌 성욕이나 그로 인한 행위. 또는 그 성욕을 가졌거나 그 행위를 하는 사람.

조대

❶ 정상이 아니게 달라진 상태 또는 그렇게 된 사람.

② 《생물》 생물이 자라는 과정에 그 형태가 매우 달라지고 몸체의 기관도 작용도 모두 달라지는것. 올챙이가 개구리로 되는것 등이 이에 속한다.

③ 《화학》 《화학조성은 같지만 물리적성질이 다른 물질》을 본래의 물질에 상대하여 이르는 말.

'변태'는 남북 모두에서 쓰이는데, 사람에게 쓸 때는 의미가 다르다. 남에서는 주로 "비정상적인 성욕을 가졌거나 성적(性的) 행동을 하는 사람"을, 북에서는 "정상이 아니게 달라진 사람"을 가리킨다.

예문

남 · **변태** 성욕자는 자신의 성적 취향이 너무 강해서 **변태**가 되는 거 아냐? 《박상우 : 화성》

북 · 네가 나를 남남처럼 외면해? 제발 시시하게 그따위 **변태**를 부리지 말어! 《허여극 : 철산봉》

· 《인간 성태관이 로동당을 잘 만나 다시 태여나서 인생살이를 한다고 하잖았댔나. 솔직히 말 좀 해보오. 무슨 후회라도 있는건 아닌가?》 … 《인생이 하도 편해지고 호강해지니 **변태가** 온것같습니다.》 〈김명익 : 생의 메아리〉

· 한눈에 미국인 혹은 일본인이라고 단정되는 인종들도 많지만 조선사람이면서도 조선사람 같지 않은 **변태**들이 허다하다.《허춘식 : 혈맥》

별로 (別-) [부사]

표대 ① (부정을 뜻하는 말과 함께 쓰여) 이렇다 하게 따로. 또는 그다지 다르게.

…

조대 ① (《않다》, 《없다》, 《못하다》 등과 함께 쓰이여) 《그다지》, 《별반》 등의 뜻.

❷ 따로 별나게 또는 따로 특별히.

"그다지, 별반"의 뜻으로 남북 모두에서 부정을 뜻하는 말과 어울려 쓰인다. 한편 북에서는 "따로 별나게" 또는 "따로 특별히"라는 긍정적 의미로도 쓰인다.

'별로'는 본래 긍정적 의미로 쓰이던 말이었으나, 주로 '않다', '못하다', '없다' 등과 어울림으로써 부정적 의미가 되었다. 즉 '별로'가 자주 놓이는 부정적 문맥에 감염되어 그 의미에 변화를 입은 것이다. 이러한 이유로 남에서는 북과 달리 '별로'가 부정적 의미만 띠게 되어 "별로 기분이 상쾌하다"와 같은 말은 아주 어색한 표현이 되었다.

예문

남 · 가장 위험스러우면서도 그 위험성이 **별로** 논의되지 않은 책이 한 권 있다. 《이문열 : 변경》

· 그날 저녁, 넷은 술을 **별로** 마시지 않아 말짱한 상태로 회식 자리를 끝냈다. 《김원일 : 전갈》

북 · 오송욱은 **별로** 눈길이 가는 그 로인한테로 다가가며 년세가 어떻게 되는가고 큰 소리로 물었다.* 《최성진 : 산촌에 어린 정》

· 오빤 요사이 집 꾸리는데 **별로** 열성이군요? 〈김명진 : 숲향기〉

· 첫절을 부르고난 그는 … 가슴속에 야릇한 환희와 기쁨이 부풀었다. 어쩌면 자기가 금방 세상에 나온것 같고 주위가 **별로** 더 환해진것 같았다. 《심길순 : 등불》

· 태준은 마음이 **별로** 홍겨워지는것을 느끼였다. 〈김정남 : 1번수〉

* 남측에서는 '노인', '연세', 북측에서는 '로인', '년세'라고 한다.

볼일 [명사]

표대 ① 해야 할 일.

❷ '용변(用便)'을 완곡하게 이르는 말.

조대 보아야 할 일이나 또는 처리해야 할 일.

"해야 할 일"이라는 뜻으로 남북에서 모두 쓰이는데, 남에서는 '용변'을 완곡하게 이르는 말로도 쓰인다. 북에서는 이런 뜻으로 '볼일'을 쓰지 않는다.

예문

남
- 소피라도 마려웠던 게로구나. 원, **볼일**은 미리 미리 봐 둘 것이지, 높은 사람들 나와서 말씀하시는 중에 어찌 저리 들락날락하는고.《임철우 : 그 섬에 가고 싶다》
- 이봐, 나는 지금 **볼일** 보는 중이라구. 여기선 똥두 맘대루 못 싸나?《황석영 : 오래된 정원》

부대끼다 [동사]

표대 [1] 【…에/에게】 사람이나 일에 시달려 크게 괴로움을 겪다.

[2] 【(…과)】 ('…과'가 나타나지 않을 때는 여럿임을 뜻하는 말이 주어로 온다)

① 여러 사람과 만나거나 본의 아니게 여러 사람을 접촉하다.

② 【…에】 다른 것에 맞닿거나 자꾸 부딪치며 충돌하다.

3 【…이】 배 속이 크게 불편하여 쓰리거나 울렁울렁하다.

조대 ① 시달려 괴로움을 겪다.

② 물건끼리 서로 맞부딪치다.

"사람이나 일에 시달려 괴로움을 겪다" 또는 "두 대상이 부딪치며 충돌하다"의 뜻으로 남북에서 모두 쓰인다. 남에서는 '부대끼다'가 '속'과 함께 쓰여 "먹은 음식물이 잘 내려가지 않고 배가 쓰리면서 치밀어 오르거나 울렁거리다"라는 의미로도 쓰인다.

예문

남 · 나는 처음으로 속이 **부대꼈다**.《황석영 : 어둠의 자식들》

· 저녁으로 먹은 잡채밥이 속에서 **부대꼈다**.《서유미 : 당신의 몬스터》

북 · 아물어가던 상처를 헤집어놓은것처럼 귀성녀와 경순이는 다시금 외로움에 **부대꼈다**. 〈홍석분 : 붉은 노을〉

ㅂ

빠개다 [동사]

표대 【…을】

① 작고 단단한 물건을 두 쪽으로 가르다.

② 작고 단단한 물건의 틈을 넓게 벌리다.

❸ 거의 다 된 일을 어긋나게 하다.

조대 ① (비교적 작고 단단한 물건을) 두쪽으로 갈라서 쪼각을 내다.

② (비교적 작고 단단한 물체의 틈을) 넓게 벌리다.

❸ (내용이나 내막을) 사실대로 드러내다.

"작고 단단한 물건을 두 쪽으로 가르다" 또는 "작고 단단한 물건의 틈을 넓게 벌리다"의 뜻으로 남북에서 모두 쓰인다. 남에서는 "거의 다 된 일을 어긋나게 하다"의 뜻으로도 쓰인다. '빠개다'가 구체 명사 이외에도 추상 명사와 호응할 수 있게 되어 의미가 확대된 것이다. 한편 북에서는 "내용이나 내막을 사실대로 드러내다"의 뜻으로도 쓰이는데, 남에서는 이런 용법을 찾기 어렵다.

예문

남
- 그 애가 어떻게 서울 사는 사람하구 약혼까지 했다가 이쪽의 근본이 드러나는 바람에 **빠개지구** 말았어요.《황순원 : 일월》
- 길상과 서희와의 혼인을 **빠개** 버릴 수만 있다면 어떤 방법 어떤 비열한 수단도 서슴없이, 죄책감 없이 감행할 상현의 정신 상태였다.《박경리 : 토지》
- 이런 교제란 곧 싫증이 나게 마련이고 싫증이 나면 지체 없이 **빠개** 버린다.《박완서 : 꼴찌에게 보내는 갈채》

북
- 멋적은* 김에 사실대로 **빠개**놓고 말해줬지요. 〈리신현 : 당비서의 밤길〉
- **빠개**놓고 말하면 이것은 오늘 비로소 처음 느끼는 생각이 아니였다. 〈김정민 : 망이〉
- 이 사람, 그렇게 배배 새끼만 꼬지 말고 무슨 영문인지 쭉 **빠개**놓게나.《문상봉 : 딸에게서 온 편지》
- 차라리 **빠개**놓고 노여운 소리라도 해주었으면 변명할 말도 있을것 같거니와 마음도 더 편할것만 같았다. 〈김명회 : 가꾸는 마음〉

---

* 남측에서는 '멋쩍다', 북측에서는 '멋적다'라고 한다.

삐딱하다 [형용사]

표대 ① 물체가 한쪽으로 비스듬하게 기울어져 있다.

❷ 마음이나 생각, 행동 따위가 바르지 못하고 조금 비뚤어져 있다.

조대 물체가 한쪽으로 몹시 끼울어져있다.

"물체가 한쪽으로 기울어져 있다"라는 뜻으로 남북에서 모두 쓰인다. 남에서는 "마음, 생각, 행동 등이 바르지 못하고 비뚤어져 있다"라는 뜻으로도 쓰인다. '삐딱하다'가 '물체' 이외에도 '마음, 생각, 행동' 등과 호응할 수 있게 되어 의미가 확대된 것이다. 이러한 양상은 여린말인 '비딱하다', 작은말인 '빼딱하다'에서도 나타난다.

예문

남 · 거기 편집부에 생각이 **삐딱한** 친구는 없지요. 《김원일 : 노을》

· 현수가 그 방에 자주 들락거렸다는 사실에 나는 다소 **삐딱한** 마음이 되었다. 《권여선 : 내 정원의 붉은 열매》

ㅂ

사로잡다 [동사]

표대 【…을】

① 사람이나 짐승 따위를 산 채로 잡다.

② 생각이나 마음을 온통 한곳으로 쏠리게 하다.

…

조대 ① 살아있는채로 붙잡다.

❷ (적의 차, 배, 비행기 같은것을) 온전한채로 붙잡다.

③ (생각이나 마음을) 딴데 쏠리지 않게 한곬으로만 끌어잡아 쏠리게 하다.

"사람이나 짐승을 산 채로 붙잡다"나 "무엇이 생각이나 마음을 한곳으로 쏠리게 하다"라는 뜻으로 남북에서 모두 쓰인다. 북에서는 "적의 차, 배, 비행기 등을 온전한 채로 붙잡다"라는 뜻으로도 쓰인다.

예문

북 · 바둑놀이 승부는 자기가 포위하여 잡은 돌을 모두 들어내고 포위선안의《집》을 계산하거나 또는 **사로잡은** 돌을 가지고 상대방의《집》을 메운 다음 나머지《집》수를 가지고 결정하였다. 〈박승길 : 바둑〉

· 적땅크*를 **사로잡다**.《조대》

* 남측에서는 '탱크', 북측에서는 '땅크'라고 한다.

사변(事變) [명사]

표대 ① 사람의 힘으로는 피할 수 없는 천재(天災)나 그 밖의 큰 사건.

② 전쟁에까지 이르지는 않았으나 경찰의 힘으로는 막을 수 없어 무력을 사용하게 되는 난리.

❸ 한 나라가 상대국에 선전 포고도 없이 침입하는 일.

조대 사회적으로 중대한 일.

'사변'을 남에서는 주로 역사적인 사건 중 부정적인 것에 쓰나 북에서는 일상적인 일, 긍정적인 사건에도 사용한다. 북에서는 '2000 남북 정상 회담'과 '2018 남북 정상 회담' 등 남북 관계에 긍정적인 사건이 있을 때마다 이를 '역사적 사변'으로 평가하여 왔다.

예문

남 · 전아가 난 지 이듬해에 그녀의 아버지가 무슨 교통사고로 죽은 후 전아의 집에는 **사변** 때 별세한 전아의 조모를 비롯하여 노소 네 과부가 남았다. 《한무숙 : 감정이 있는 심연》

· 학생 이야기는 벌써 수십 년 전의 서류를 보아 달라는 건데 지금 있는 서류는 다 **사변** 후에 작성한 겁니다. 전의 것은 **사변**에 다 타 버렸어요. 《최인훈 : 회색인》

북 · 산등은 방금 말라 지은 연두색 나들이옷을 산뜻이 갈아입고 이 뜻깊은 날 뜻깊은 **사변**에 참가하기 위하여 나선 듯 그리고 아름답고 청신해보였다. 《415 문학창작단 : 두만강지구》

· 환희로운 **사변**으로 충만된 해방후 5년, 그것은 송옥이에게 있어서 꿈처럼 흘러간 행복한 5년이였다. 〈김광철 : 위훈속에 빛나는 처녀시절〉

사수 (射手) [명사]

표대 대포나 총, 활 따위를 쏘는 사람.

조대 ① 보총, 기관총 같은 무기를 쏘는 사람.

② 전날에, 《활잡이》를 이르는 말.

'사수'는 남북에서 모두 쓰이는 말로, 군대에서 "대포나 총 같은 무기를 쏘는 사람"을 '사수'라 하고 "사수를 돕거나 대신하는 병사"를 '부사수'라고 한다. 남에서는 이 말이 일반 사회에서도 쓰이게 되어 회사 등에서 일을 직접적으로 가르쳐 주는 상급자를 '사수', 그에 상대하여 하급자를 '부사수'라고도 한다.

예문

남 · 내게 일을 가르쳐 주던 사수가 놀라서 뒤로 나자빠질 정도였으니. 《장은진 : 아무도 편지하지 않다》

사장 (社長) [명사]

표대 ① 회사의 책임자. 회사 업무의 최고 집행자로서 회사 대표의 권한을 지닌다.
…

조대 출판사나 신문사, 출판사, 잡지사 등과 같이《사》자가 붙은 기관, 기업소의 행정책임자.

북에서는 "기관의 장이나 기업소의 책임자"를 '사장'이라고 하고, 남에서는 "회사의 책임자"를 '사장'이라고 한다. 그러나 실제로 남에서는 회사 사장이 아닌 사람에게 막연한 경칭으로 '사장'이라고 할 만큼 '사장'이 널리 사용된다.

예문

남 · 아버지 말에 의하면 엄마는 이제 자영업자, 즉 **사장님**이었다.《구경미 : 키위새 날다》

· Y 또래의 카센터 **사장**은 낮에는 두 명의 종업원들과 사고로 구겨진 차들을 펴 주고 휴일이나 심야를 이용해 오토바이를 탄다고 했다.《하성란 : 강의 백일몽》

북 · 사람들과의 교접이 좋고 사교적인 **사장**은 자기 잡지의 중요 필자들을 가끔 이렇게 직접 찾아다니기도 했다.〈김오 : 교수의 증언〉

· 선교제철소 **사장**입니다.《주상준 : 안개속의 과녁》

사증 (査證) [명사]

표대 ① 조사하여 증명함.

② 『법률』 외국인에 대한 출입국 허가의 증명. 외국을 여행하려는 사람은 현재 자기 나라 또는 체재국(滯在國)의 대사(大使), 공사(公使), 영사(領事)로부터 여권에 그 나라의 출입국 허락 서명을 받아야 한다.

조대 국경을 통과할수 있는 증서. 국가의 일정한 기관이 출국하려는 자기 나라 공민과 입국 또는 출국하려는 다른 나라 사람에게 발급한다.

"국경을 통과할 수 있는 출입국 허가 증명"을 가리킬 때, 남에서는 '비자'와 '사증' 중에서 '비자(visa)'를 주로 쓴다. 북에서는 '사증'만을 쓴다.

예문

남 · 나는 거의 한 달 후에 여권을 손에 넣었고 어머니의 초청장을 들고 삼엄하기 그지없는 미국 대사관에서 **비자** 절차도 밟았다. 《최윤 : 회색 눈사람》

북 · 아버지역시 같은 심정이여서 이번에는 자기도 꼭 **사증**을 받아낼 작정이라고 벼르며 며칠전 도꾜* 로 떠나갔는데 어제 전화가 왔다. 《김병훈: 개이지 않는 하늘》

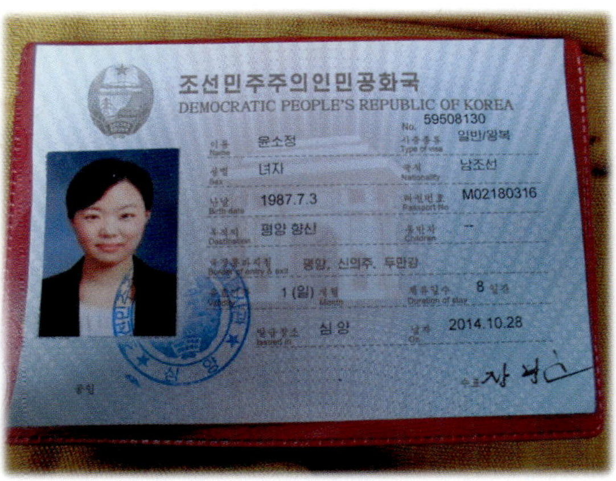

❙ 북에서 발급한 '사증'

* 남측에서는 '도쿄', 북측에서는 '도꾜'라고 한다.

삭막하다 (索莫--, 索寞--, 索漠--) [형용사]

표대 ① 쓸쓸하고 막막하다.
② 잊어버리어 생각이 아득하다.

조대 생각이 나지 않아 아득하다.

북에서는 '기억이 삭막하다'와 같은 표현을 많이 쓰지만, 남에서는 '기억이 아득하다'라는 표현을 더 많이 쓴다.
"쓸쓸하고 막막하다"라는 뜻은 남의 사전에만 있지만 북에서도 쓰인다. 북의 말뭉치에서 "지금 별은 겨우내 바람과 먼지에 부대껴서 거무틱틱하게 얼룩진 흰눈에 뒤덮여있는 **삭막한** 벌이였다."《리정숙 : 지평선》과 같은 용례가 확인된다. 한편 "마음이나 관계 등이 인정이 없이 메마르다"라는 용법은 남에서만 발견된다.

예문

남 · 나는 느닷없이 가슴이 **삭막하게** 비어들면서 형언하기 어려운 단절감에 휩싸였다.《전상국 : 지빠귀 둥지 속의 뻐꾸기》
· 어딜 가나 풍경이 **삭막하잖아요.**《윤대녕 : 연》
· 친구에 대한 애정을 최대한으로 감추고 **삭막하고** 불량스러운 말투를 써 보기도 하고, 가벼운 농지거리처럼 해 보기도 하고, 성의껏 설득하는 투로 해 보기도 했다.《박완서 : 오만과 몽상》

북 · 선우는 자기가 어디에 와있는지 **삭막하고** 얼떠름해서* 두리번거렸으나 금절은 웃기만 했다.《고병삼 : 생명》
· 세월이 어지간히 흐르다보니 **기억이 삭막한**것도 적지 않고 또 어떤것은 당사자들과 토론해야 할것도 있었으나 그나마 마음대로 되지 않는다.〈권정웅 : 동지에 대한 추억〉
· 어언 수십년이 흘러간 그 옛적일이 늙은이의 **기억에는 삭막한** 모양이다.《허춘식 : 혈맥》

참고

남 · 피차 얼굴을 잊고 산 지가 **기억조차 아득한** 처지였다.《이동하: 문 앞에서》

* 얼떠름하다 : 좀 얼떨떨한데가 있다.《조대》

ㅅ

산원 (産院) [명사]

표대 산모의 해산(解産)을 돕고 그 산모와 아기를 돌보아 주는 곳.

조대 산모가 순조롭게 몸을 풀고 건강을 회복할수 있도록 필요한 설비를 갖추어놓고 돌봐주는 보건기관. 산과, 부인과, 소아과를 비롯한 필요한 전문치료과들과 보건진단치료 시설, 약무시설 등이 있다.

'산원'은 남북의 사전에 다 올라 있으나 이제 남에서는 출산과 몸조리 두 가지를 다 도와주는 곳은 찾아보기 어렵다. 출산은 대부분 출산 전문 병원이나 큰 병원에서 하고, 출산 후 산모와 아이의 몸조리는 '산후조리원'에서 하는 것으로 이원화되는 추세이다.

예문

남 · 예정일을 사흘쯤 지나 진통이 와서 정기 진단을 받던 동네 **산원**에 입원한 지 다섯 시간 만에 순산을 했다.《박완서 : 그대 아직도 꿈꾸고 있는가》

북 · **산원**의사들도 산모들도 집에서 준비해가지고 온 꿀을 먹는것을 응당한 일로 여기고있었다. 〈박은향 : 친정어머니가 되시여〉

· 청년동맹비서오빠는 금숙이와 영실이를 **산원**까지 데려다주려고 했지만 그들은 자기들이 얼마든지 찾아갈수 있다고 떼질* 을 썼다.《경석우 : 은장도》

참고

남 · 어머니는 바쁜 와중에도 병원 **산후조리원**을 찾아와 산모와 아이를 보고 가셨고, 그날도 우리 부부는 아기를 안고 부모님을 세 번째 방문하는 길이었다.《전성태: 이야기를 돌려드리다》

* 떼질 : 마구 떼를 쓰는짓.《조대》

북의 '평양산원'

살찌다 [동사]

표대 ① 몸에 살이 필요 이상으로 많아지다.
② (비유적으로) 힘이 강하게 되거나 생활이 풍요로워지다.

조대 몸에 살이 많아지다.

'살찌다'는 "몸에 살이 많아지다"라는 의미로 남북 모두에서 쓰이지만, 북에서는 '살찌다'를 동물에게만 쓰는 것과 달리 남에서는 사람과 동물 모두에게 쓴다. 북에서는 사람에게 '살찌다'라는 표현을 쓰지 않고, 대개 '몸이 나다'라고 한다.

"힘이 강하게 되거나 생활이 풍요로워지다"라는 비유적 의미는 남의 사전에만 실려 있지만 북에서도 쓰인다. 북의 말뭉치에서 "그가 캐낸 광석의 밥으로 우리 공업은 더욱 **살찌고** 자랄것이 아닌가?"《행복》과 같은 용례가 검색된다.

예문

남 · 나는 **살찐** 사람이 광주시 충장로에서 대성양복점을 내고 있는 김덕보임을 알았다.《서정인 : 분열식》

· 벽에는 … 가수들의 사진이 덕지덕지 붙어 있고 그중엔 유모차에 탄 **살찐** 아이의 그림도 한 장 섞여 있었다.《박완서 : 그해 겨울은 따뜻했네》

북 · 멍석우* 에 말리우는** 노란 강냉이알들을 쪼으려고 **살찐** 암탉이 기우뚱거리며 돌아다녔다.《김은옥 : 단발머리》

· **살찐** 노루는 송아지보다도 더 커보인다.《김수범 : 영원한 미소》

참고

북 · 아주머니, 그런데 **몸까기**는 하시오다. **몸 나는**게 좋지는 않아요.《최성진 : 내 나라》

---

* 남측에서는 '위', 북측에서는 '우'라고 한다.
** 말리우다 : = 말리다.《조대》

삼삼하다 [형용사]

표대 ① 음식 맛이 조금 싱거운 듯하면서 맛이 있다.

❷ 사물이나 사람의 생김새나 됨됨이가 마음이 끌리게 그럴듯하다.

조대 음식이 조금 싱거운듯 하면서 느끼한 맛이 없다.

"음식 맛이 조금 싱거운 듯하면서 맛이 있다"라는 뜻으로 남북에서 모두 쓰인다. 남에서는 '얼굴, 외모' 등과 함께 쓰여 "사람의 생김새나 됨됨이가 마음이 끌리게 그럴듯하다"라는 뜻으로도 쓰인다. 남에서 이 말은 점잖은 자리에서는 잘 쓰이지 않는 것으로, 약간 속된 어감을 담고 있다.

예문

남 · 지금 내가 자네를 생각하고 **삼삼한** 처녀를 하나 점찍어 두었네. 《송기숙 : 녹두장군》

· 평소에 그런 대로 **삼삼하게** 생긴 상판이라고 여겨 오던 것이 추하고 얕잡아 보여…. 《김성홍 : 굿이나 보며》

상행위 (商行爲) [명사]

표대 영리를 목적으로 하는 매매, 교환, 운수, 임대 따위의 행위. 상법에서 기본적 상행위와 보조적 상행위로 나누고 있다.

조대 = 상적행위.

* 상적행위 : 부당한 장사거래를 하는 개인리기주의적인 행위.

남에서는 부정적인 수식어가 결합될 경우에나 '상행위'를 부정적인 의미로 쓴다. 이에 비하여 북에서는 '상행위' 자체를 부정적인 의미로 쓰는 경우가 많다. 북에서 공동 분배를 근간으로 하는 공산주의 경제 체제를 채택하고 있다면, 남의 경제 체제는 개인의 이윤 추구를 인정하고 있다. '상행위'에 대한 의미 차이도 이런 체제의 차이에서 비롯한 것이다.

예문

남 · 그 **상행위**가 그의 생활에 하등 도움을 주지는 못했건만 그는 그 일에 자신을 다 바치고 있었다.《양순석 : 물 그림자》

· 한 푼이라도 싸게 사서 한 푼이라도 비싸게 파는 게 **상행위**의 원칙이거늘 이 무슨 같잖은 감상일까 싶어 자신이 싫어진다.《박완서 : 욕망의 응달》

북 · 값을 올리고낮춘다는것은 다름아닌 **상행위**를 통한 착취현상이였다.《장국종 : 조선정치제도사》

· 독단, 극단한 본위주의*, 경제관리에서 자유주의, **상적행위**조장, 상급에 대한 도전….《김하늘 : 함께 사는 사람들》

---

* 본위주의 : 개인주의의 변종이며 공명주의의 표현으로서 집단이나 국가, 사회의 전반적리익은 생각하지 않고 개인, 어느 한 지방, 기관, 부서 등의 리익만을 내세우면서 모든것을 거기에 복종시키려는 낡은 사상 또는 그런 태도.《조대》

상호 (相互)

표대 「명사」 상대가 되는 이쪽과 저쪽 모두.

「부사」 상대가 되는 이쪽과 저쪽이 함께.

조대 ① 「부사」 ⇒ 서로.

② 명사로도 쓰인다.

'상호'는 남에서 "상대가 되는 이쪽과 저쪽 모두"라는 뜻으로 쓴다. 북에서는 이 뜻으로 '호상'을 주로 쓴다. '호상간, 호상 관계, 호상 련락, 호상비판, 호상작용, 호상 존중' 등이 이에 해당한다. 남에서는 이보다 '상호 간, 상호 관계, 상호 연락, 상호 비판, 상호 작용, 상호 존중' 등의 표현이 더 자연스러운 것으로 받아들인다.

예문

남
- 계약은 **상호 간** 양보와 양해가 있어서 까탈이랄 게 별반 없이 잘 지켜진 셈이었다. 《이문구 : 암소》
- 너도 그렇고, 나도 그렇고 사람이 독자적으로 태어난 게 아닌 이상 그 정도의 **상호 관계**는 피할 수 없는 게 아니니? 《박완서 : 서있는 여자》
- **상호 비판**이라는 것은 있어야 하고, 실제로도 활용되고 있는 거 아닙니까? 《이호철 : 변혁 속의 사람들》

북
- 사람들이 사회와 집단의 한 성원으로서 반드시 지켜야 할 도덕적의무를 리행하지* 못할 때에는 사람들 **호상간** 참다운 인간관계가 맺어질수 없으며 사회와 집단자체가 유지되고 움직여나갈수 없다. 〈전국봉 : 사람과 의리〉
- 간부들의 **호상관계**가 이 지경이 되도록 난 무엇을 하고있었는가. 《김응일 : 비약의 열풍》
- 나의 자기비판토론이 끝나자 화살같은 **호상비판**들이 쉴새없이 날아왔습니다. 《강선규 : 달라진 선택》

ㅅ

* 남측에서는 '이행하다', 북측에서는 '리행하다'라고 한다.

새해 [명사]

표대 새로 시작되는 해.

조대 한해가 다 지나고 새로 시작하는 해 또는 그해의 첫머리.

새해 인사로 남에서 가장 많이 쓰는 말은 "새해 복 많이 받으세요."이다. 북에서도 이 말을 사용하나 더 전형적인 인사말은 "새해를 축하합니다."이다.

예문

남 · **새해 복 많이 받아요**, 다들. 《류소영 : 해에게서 海에게》

· **새해 복 많이 받으세요**. 《박완서 : 나목》

북 · 명선아, 명일아, **새해를 축하한다**! 〈차준행 : 병사의 고향소식〉

· **새해를** 열렬히 **축하한다**. 〈김성화 : 새해를 맞으며〉

· 진옥이한테서는 그후 한달이 지나도 두달이 지나도 아니 2년반 세월이 흐르도록 소식이 없더니 **새해를 축하하는** 신년장* 만 보내왔을뿐이다. 〈김도환 : 병사의 고향소식〉

▎북의 조선우표사에서 발행한 우표

* 남측에서는 '연하장', 북측에서는 '신년장'이라고 한다.

샤워* ([영]shower) [명사]

표대 소나기처럼 뿜어 내리는 물로 몸을 씻는 일.

조대 머리우로 가랑비처럼 물이 떨어져나오게 만든 목욕설비.

북에서는 '샤워'가 "물이 뿜어져 나오는 목욕 설비와 그것으로 몸을 씻는 일" 모두를 가리킬 수 있으나 남에서는 "그런 목욕 설비로 몸을 씻는 일"만을 가리킨다. 물이 뿜어져 나오는 기구 자체는 남에서 '샤워기(shower器)'라고 한다.

예문

남 · 앉으라느니 하는 인사치레 없이 그녀는 **샤워**를 했고, 예의 크림색 가운을 걸치고 나와서는 불을 끈 뒤 가운을 벗어 침대 옆 협탁에 개켜 놓았다.《한강 : 그대의 차가운 손》

· 커튼 사이로 보통 가정용보다 큰 욕조와 **샤워** 시설이 보였고 벽에 세워 놓은 고무보트 같은 기구가 생소한 느낌을 주었다.《김홍신 : 인간 시장》

북 · 목욕탕으로 들어간 그는 6개의 분수구가 달린 **샤와**를 틀어놓고 더운물과 찬물을 알맞추 조절하면서 머리를 들이밀었다.〈정기종 : 력사**의 대하〉

· 흰 타일을 붙인 목욕탕과 **샤와**가 집안에 있고, 넓고 깨끗한 방마다 놀이감이 널려있다.〈최학수 : 해빛밝은 나라〉***

참고

남 · 공중에 매달린 **샤워기**에서 찬물이 쏴아 떨어져 내렸다.《정이현 : 너는 모른다》

ㅅ

* 북에서는 '샤와'라고 한다.
** 남측에서는 '역사', 북측에서는 '력사'라고 한다.
*** 남측에서는 '놀잇감', '햇빛', 북측에서는 '놀이감', '해빛'이라고 한다.

서다 [동사]

표대 [1] ① 사람이나 동물이 발을 땅에 대고 다리를 쭉 뻗으며 몸을 곧게 하다.
② 처져 있던 것이 똑바로 위를 향하여 곧게 되다.
③ 계획, 결심, 자신감 따위가 마음속에 이루어지다.
④ 무딘 것이 날카롭게 되다.
⑤ 질서나 체계, 규율 따위가 올바르게 있게 되거나 짜이다.
⑥ 아이가 배 속에 생기다.
⑦ 줄이나 주름 따위가 두드러지게 생기다.
⑧ 물품을 생산하는 기계 따위가 작동이 멈추다.
⑨ 남자의 성기가 발기되다.

[2] 【…에】
① 부피를 가진 어떤 물체가 땅 위에 수직의 상태로 있게 되다.
② 나라나 기관 따위가 처음으로 이루어지다.
③ 어떤 곳에서 다른 곳으로 가던 대상이 어느 한 곳에서 멈추다.
④ 사람이 어떤 위치나 처지에 있게 되거나 놓이다.
⑤ 장이나 씨름판 따위가 열리다.
⑥ 어떤 모양이나 현상이 이루어져 나타나다.

[3] 【…에/에게】 체면 따위가 바로 유지되다.

[4] 【…을】
① 어떤 역할을 맡아서 하다.
② 줄을 짓다.

조대 [1] (자)
① 바닥에서 우를 향하여 곧은 자세로 되다.
② 바닥에서 우를 향하여 곧은 자세로 있다.
③ (건축물이나 구조물이) 땅우에 생기다.
④ 나라가 독립하거나 기관 같은것이 처음 이루어지다.
⑤ 가거나 돌아가는것을 멈추다.
⑥ 어떤 위치나 립장에 있거나 놓이다.
⑦ (날이) 날카롭게 되다.
⑧ (장이나 씨름판 같은것이) 열리다.
⑨ (무지개, 피발, 땀발 같은것이) 나타나거나 생기다.
⑩ (계획, 방침, 생각 같은것이) 세워지거나 이루어지다.
⑪ (문제 같은것이) 설정되거나 나서다.

⑫ (규률이나 질서 같은것이) 바로 잡히고 째이다.
⑬ (체계, 조리, 리론 같은것이) 정연하게 째다.
⑭ (구분이나 한계 같은것이) 똑똑하게 지어지거나 엄격히 갈라지다.
⑮ (면목, 위신, 체면 등이) 제대로 이루어지거나 바로 유지되다.

[2] (타) 어떤 역할을 맡아서 하다.

"발을 바닥에 대고 몸을 위로 향하여 곧게 하다"라는 기본 의미와 여기서 파생된 의미들에서도 남북이 대부분 일치한다. 다만 북에서는 '서다'가 "문제 같은 것이 설정되거나 생기다"라는 뜻으로도 쓰인다. 남에서는 이에 대응하는 표현으로 '문제가 생기다', '문제가 설정되다' 등을 사용한다.

예문

북 · 건축기사인 나의 경우에는 집을 하나 짓는데도 우선 토대에 대한 설계부터 따지고 그우* 에 집을 어떻게 지을것인가? 이렇게 문제가 **서는**겝니다. 《리택진 : 조선공들》

· 문제가 **서다**. 《조대》

· 지배인동무의 립장** 이 좀 우습게 될수 있는데 난 더 큰 문제가 **서기** 전에 일을 바로 잡자는거요. 〈김형길 외 : 우리의 운명〉

참고

남 · 속은 후련했지만 금방 다른 문제가 **생겼다**. 《백민석 : 이 친구를 보라》

ㅅ

* 남측에서는 '위', 북측에서는 '우'라고 한다.
** 남측에서는 '입장', 북측에서는 '립장'이라고 한다.

선거권 (選擧權) [명사]

표대 『법률』 선거에 참가하여 투표할 수 있는 권리.

조대 《법률》 선거할수 있는 권리.

선거권을 가질 수 있는 나이는 남북이 서로 다르다. 남은 만 19세 이상의 국민에게, 북은 만 16세 이상의 공민에게 선거권이 부여된다. 피선거권을 가질 수 있는 나이도 남북이 서로 다르다. 남에서 대통령 선거에 나갈 수 있는 피선거권을 가진 연령은 만 40세 이상이고, 국회의원이나 지방자치단체장 및 의원 선거에 나갈 수 있는 피선거권 연령은 만 25세 이상이다. 이와 달리 북에서는 만 16세 이상의 공민이면 모두 피선거권을 갖는다.
투표를 할 때 남에서는 후보자 이름 옆의 칸에 '복(卜)' 자가 들어간 ○표 도장을 찍는다. 북에서는 찬성일 경우엔 투표용지를 그대로 투표함에 넣고, 반대일 경우에는 투표용지에 있는 후보자의 이름에 펜으로 일정한 표시를 하고 넣는다. 북에서도 직접 투표, 평등 투표, 일반 투표, 비밀 투표의 원칙이 법적으로 보장된다.

예문

북 · 열여섯살이상의 남녀공민들에게는 **선거권**과 **피선거권**을 부여하였다. 〈전창철 : 유격근거지에 붉은기 휘날린다〉

선생 (先生) [명사]

표대 ① 학생을 가르치는 사람.

② 학예가 뛰어난 사람을 높여 이르는 말.

❸ 성(姓)이나 직함 따위에 붙여 남을 높여 이르는 말.

④ 어떤 일에 경험이 많거나 잘 아는 사람을 비유적으로 이르는 말.

❺ 자기보다 나이가 적은 남자 어른을 높여 이르는 말.

...

조대 ①《교원》에 대한 일반적인 칭호.

②《일정한 분야의 지식과 기술을 가진 사람》을 존경하여 이르는 말.

③《사람들에게 일정한 지식이나 기술을 알려주고 사람들을 가르쳐줄만 한 사람》을 이르는 말.

남에서 '선생'은 "성이나 직함 등에 붙여 남을 높여 이르거나 자기보다 나이가 적은 남자 어른을 높여 이르는 말"로서 존대어로 쓰인다. 공공 기관에서 공무원이 민원인을 'OOO 선생님'이라고 부르는 모습을 남에서는 흔히 볼 수 있다.

반면 북에서는 교원, 의사, 학자 등 특정 직종 종사자들을 부르거나 사회적으로 존경받을 만한 사람에게 존경을 표시할 때 주로 쓴다. 남과 달리 북에서는 대학의 직위나 학위명에도 '선생(님)'을 붙여 '교수 선생(님)', '박사 선생(님)' 처럼 쓴다. 북에서는 다른 직종에는 '선생'을 잘 붙이지 않아 남에서보다 그 사용 범위가 좁다. 또한 '선생' 그 자체에 높임의 의미가 있으므로 접미사 '-님'을 잘 붙여 쓰지 않는다.

ㅅ

예문

남 · 김 여사 비서 격인 이 **선생**이 운전 면허증을 뒷돈 주고 사게 되자, 김 여사는 연습에 부쩍 열성을 보여 요즘 들어 후진은 서툴지만 진행은 꽤 숙달된 편이었다.《김원일 : 잠시 눕는 풀》

· 오늘 밤 **선생**도 한번 멋진 연앨 해 보실 생각 없소?《이청준 : 이어도》

북 · **박사선생**, 잠간* 쉬여가지 않겠습니까?〈송병준 : 백설의 비밀〉

· 분조장동지, 우리에게 기계구조학을 가르치는 **선생**은 기계대학 **부교수선생**입니다.《리정숙 : 지평선》

· 학생들이 졸업론문을 쓸 때 어떤 **선생**이 지도교원으로 되는가 하는것은 론문의 운명을 좌우하는 근본문제인것이다.《강선규 : 교정의 륜리》**

* 남측에서는 '잠깐', 북측에서는 '잠간'이라고 한다.

** 남측에서는 '논문', '윤리', 북측에서는 '론문', '륜리'라고 한다.

선행관 (先行官) [명사]

표대 ①『역사』 임금의 행차에 앞서 가면서 준비를 시키던 벼슬아치.
…

조대 ❶《앞서나가야 할 부문》을 비겨 이르는 말.
② 봉건사회에서, 왕의 행차에 앞서 가면서 준비를 시키는 관리.

'선행관'은 "임금의 행차에 앞서 가면서 준비를 시키던 벼슬아치"를 뜻하는 역사 전문어로, 남북 사전에 모두 올라 있다. 북에서는 "앞서 나가야 할 부문"을 가리킬 때에도 쓴다.

예문

북 · 관리위원장도 깊은 산속에 들어박혀 농사를 짓긴 해도 철도가 나라의 동맥이며 인민경제 **선행관**인 까닭에 온 나라가 발벗고 도와준다는것쯤 알고있었다. 〈림재성 : 나루가* 의 밤 이야기〉

· 당에서는 나를 믿고 인민경제의 **선행관**이며 나라의 동맥을 지켜가는 이 보람차고 성스러운 초소를 맡겨주지 않았는가. 〈김광철 : 빛나는 삶의 궤도를 따라〉

· 전력은 현대적공업의 기본동력으로 될뿐아니라 인민경제의 **선행관**으로 된다. 〈최룡섭 : 전력공업은 인민경제발전에서 중심고리의 하나〉

· 철도가 인민경제의 **선행관**으로 되는것은 사회적축적과 확대재생산의 구성부분으로 되기때문이다. 〈최덕홍 : 철도는 인민경제의 선행관〉

ㅅ

* 남측에서는 '나룻가', 북측에서는 '나루가'라고 한다.

설 [명사]

표대 ① 새해의 첫날을 명절로 이르는 말.

② 새해의 처음.

조대 《새해의 첫날》을 명절로 이르는 말.

'설'이라고 하면 남에서는 보통 음력설을 떠올리지만, 북에서는 양력설을 떠올린다. 친지를 찾아뵙고 세배를 하는 등의 일을 남에서는 음력설에, 북에서는 양력설에 한다. 남에서는 양력설을 설의 의미보다는 한 해의 시작이라는 의미로 보는 경향이 강하다. 남북 모두에서 음력설은 '구정'으로, 양력설은 '신정'으로 지칭한다.

북에서는 음력설을 명절로 지내는 것이 금지되다가 1989년부터 공휴일로 지정되었다.

예문

남 · 내년 **설**에는 자가용을 타고 어머니한테 세배를 갈 것이다.《한승원 : 어둠의 맥》

· 해방이 되니까 사람들이 마음 놓고 **구정**을 쇠게 되었지만 공휴일을 지금처럼 **구정**에 더 많이 주게 된 지는 얼마 되지 않는다.《박완서 : 호미》

북 · 1987년 12월 **설**을 앞둔 밤이였다. 〈최준희 : 말과 글에서의 생략의 효과〉

· 다른 사람들은 **양력설** 기분에 들떠 명절준비로 바삐 뛰여다녔지만* 우리는 오늘도 훈련의 구슬땀으로 이해의 마감을 장식하였다.《김혜성 : 별하늘》

· 오늘 우리 나라에서는 태양력의 력서**를 쓰고있으므로 **양력설**을 기본으로 쇠고있다. 〈리제오 : 설명절과 그 풍습〉

· 우리 나라 풍속에 **설**에는 남자와 녀자들이 모여서 벼 혹은 나무를 잘라 네쪼각을 만들어 던져서 승부를 결정하는 놀이를 하였는데 이것을 《난희(윷놀이)》라고 한다.*** 〈리수광 : 윷놀이〉

---

* 남측에서는 '뛰어다니다', 북측에서는 '뛰여다니다'라고 한다.

** 남측에서는 '역서', 북측에서는 '력서'라고 한다.

*** 남측에서는 '여자', '조각', 북측에서는 '녀자', '쪼각, 조각'이라고 한다.

설피다 [형용사]

표대 ① 짜거나 엮은 것이 거칠고 성기다.
② 솜씨가 거칠고 서투르다.
③ 언행이 덜렁덜렁하고 거칠다.
…

조대 ① (사이가) 배지 않고 뜨다.
❷ (내굴, 안개 같은것이) 짙지 않고 연하다.
❸ (해볕 같은것이) 세지 못하고 약하다.
④ 거칠고 서투르다.
⑤ (말이나 행동이) 덜렁덜렁하고 거칠다.

"사이가 촘촘하지 않고 성기다"라는 뜻으로 남북에서 모두 쓰인다. 호응할 수 있는 대상이 구체적인 물건에서 사람의 솜씨나 언행으로 확대되어 생긴 비유적 의미도 남북에서 모두 쓰인다. 한편 북에서는 "햇빛이 약하다"나 "연기, 안개 등이 옅다"라는 뜻으로도 쓰인다. 남에서는 이런 뜻으로 쓰이는 예를 찾기 어렵다.

예문

남 · 그날 밤 새 하숙의 **설핀** 잠자리에서 그는 … 흐느껴 우는 꿈을 꾸었다. 《조해일 : 뻘》
· 이어 **설피게** 엮어 세운 싸릿대 울타리 사이로 희끗희끗 옥천댁의 모습이 보였다. 《강호영 : 산촌수필》

북 · 그들은 해빛* 이 좀 **설피게** 된 때 걸으려고 길옆 산기슭으로 들어갔다. 《유격구의 기수》
· 마당쪽으로 달린 작은 유리창으로 **설핀** 석양볕이 비껴든다. 《김병훈 : 개이지 않는 하늘》
· **설피게** 덮인 구름속으로 쟁반달** 이 헤염*** 쳐나와 사위는 대낮처럼 환하였다. 〈김봉식 : 떠나는 길에서〉
· 자욱하게 감돌던 연기가 한결 **설펴졌다**. 《안동춘 : 50년 여름》

ㅅ

* 남측에서는 '햇빛', 북측에서는 '해빛'이라고 한다.
** 쟁반달 : 쟁반같이 둥근 달. 《조대》
*** 남측에서는 '헤엄', 북측에서는 '헤염'이라고 한다.

섬멸 (殲滅) [명사]

표대 모조리 무찔러 멸망시킴.

조대 ① (적을) ㅇ지없이 무찔러 모조리 없애버리는것.

❷ 제기된 일을 하나씩 완전히 제껴버리는것.

"적을 무찔러 모조리 없애는 것"이라는 뜻으로 남북에서 모두 쓰인다. 북에서는 "어떤 일이나 사업을 집중하여 하나씩 해치워 나가는 것"이라는 뜻으로도 쓰인다. 이러한 차이는 '섬멸전'에도 나타나 북에서는 '섬멸전'을 "맡은 일을 하나씩 완전하게 해나가는 방법이나 방식"의 뜻으로도 쓴다. 이는 군사 용어의 일반화가 많이 이루어진 북의 사회·문화적 특징에서 비롯된 의미 차이라고 할 수 있다.

예문

북 · 말마디를 다듬는 사업은 … 단계를 정하고 계획적으로 하나하나 고쳐나가며 **섬멸전**의 방법으로 누에가 뽕먹듯이 점차적으로 해나가야 한다. 〈서윤범 : 우리 말을 정리하는데서 나서는 몇가지 문제〉

· 우리 나라에서는 어휘정리사업을 **섬멸전**의 방법으로 점차적으로 진행하였다. 〈박수영 : 민족어를 발전시킨 경험〉

성년 (成年) [명사]

표대 『법률』 민법에서, 법정 대리인의 동의 없이 법률 행위를 행사할 수 있는 나이. 만 19세 이상이다.

조대 ① 일정한 나이가 되어 공민의 법적권리를 지니는 사람 또는 그런 나이.
② 다 자란 나이 또는 그런 나이의 사람.

남북에서 '성년'의 뜻은 사전상 크게 다르지 않지만, 법률상 '성년자'로 인정하는 나이에서 차이를 보인다. 남에서는 민법 4조에 의거하여 만 19세 이상을 '성년'으로, 북에서는 만 16세 이상을 '성년'으로 본다. 다만 남에서는 '미성년자'라도 혼인을 한 경우에는 '성년자'로 본다.

예문

남 · 더구나 여러 가지 갈등의 시대에 사는 오늘날의 스무 살 **성년들**은 그 어느 때보다도 **성년**의 의미를 되새겨 이 시대를 슬기롭게 살아 나가야 하리라고 본다.《장명근 : 법과 양귀비》

북 · 그도 이젠 **성년**이고 청춘인데…. 〈김도환 : 병사의 고향소식〉

성적증 (成績證) [명사]

조대 개별적인 학생의 학과성적을 매긴 증서.

남측의 '성적표'에 대응하는 북녘말로 '성적증'이 있다. "개별적인 학생의 학과성적을 매긴 증서"를 '성적증'이라고 하는데, 여기에는 입학 학년부터 졸업 학년까지의 모든 학기의 학업 성적, 출석률, 품행이 기록되어 있다.

북에서는 '최우등(5점)-우등(4점)-보통(3점)-락제*(2점)'의 4단계 척도를 사용하여 성적을 평가한다. 전 과목에서 5점을 받으면 최우등생이라 하고, 4점이 있으면 우등생, 3점이 있으면 보통생, 2점이 한 과목이라도 있으면 락제생**이라고 한다. 학년 말 시험에서 낙제를 받으면 원칙적으로 진급이 불가능하다. 성적증에 '5점'이 가득 적혀 있는 것을 '꽃'에 비유하여 '5점꽃'이라고 표현하기도 한다.

남에서는 학업 성취도를 평가할 때 전통적으로 '수-우-미-양-가'의 5단 척도를 사용하였으나, 2014년도 이후부터는 'A-B-C-D-E'의 5단 척도로 대체되었다.

예문

남 · 교육의 결과는 **성적표**의 **수우미양가**로 표기되는 것만이 전부가 아닙니다. 《양귀자 : 슬픔도 힘이 된다》

북 · 아버지, 그런데말이예요. **성적증**은 오늘저녁 학부형회의를 할 때 내준다지 않아요. 학부형회의에 꼭 오시지요? 《김룡팔 : 학부형》

· 《야, 엄마두 빨리 오구 학부형총회두 빨리 했음 좋겠다. **성적증**을 빨리 받게…》 … 줄곧 **최우등**만 해온 그자신도 막상 **5점**점수가 꽉 들어찬 **성적증**을 받을 때면 가슴이 기쁨으로 한껏 부풀군 했다. 《민경숙 : 어머니의 날개》

---

* 남측에서는 '낙제', 북측에서는 '락제'라고 한다.

** 남측에서는 '낙제생', 북측에서는 '락제생'이라고 한다.

5점꽃뿌리

김금성

국어도 수학도
모두다 5점
펼치는 책장마다
5점꽃이니

5점꽃뿌리는
어디에 있느냐고
동무동무 나에게
물어보아요

- 김금성 외 《나의 성적증》에서 -

ㅅ

성형수술 (成形手術) [명사]

표대 『의학』 상해 또는 선천적 기형으로 인한 인체의 변형이나 미관상 보기 흉한 신체의부분을 외과적으로 교정·회복시키는 수술.

조대 = 정형수술.

* 정형수술 : 《의학》 운동기계통의 변형을 바로잡고 운동기능이나 작업능력을 회복하기 위해서 또는 얼굴모습을 바꾸기 위해서 하는 수술.

"기형 또는 보기 좋지 않은 신체 부위를 외과적으로 바꾸거나 회복시키는 수술"의 뜻으로 남북에서 모두 쓰인다. 북에서는 "운동 기능의 장애를 정상 상태로 회복시키기 위한 수술"도 '성형수술'에 포함하며, '정형수술'과 같은 말로 본다. 북에서는 '성형수술'보다 '정형수술'이 많이 쓰인다. 남에서는 운동 기능 장애를 회복시키기 위한 외과 수술은 '성형수술'로 보지 않고 '정형수술'로 본다. 따라서 남에서 '성형수술'과 '정형수술'은 뜻이 다른 말로, '성형수술'은 미용적인 의미가 강하고 '정형수술'은 의료적인 의미가 강하다.

예문

남 · 배우 생활을 할 때 손을 댔던 쌍꺼풀과 **성형수술** 부위가 세월의 부작용으로 변형이 와서 두 눈은 눈병이 난 듯 부어 있었고, 코는 흐르다 굳은 촛농처럼 주저앉아 있었다. 《최인호 : 낯익은 타인들의 도시》

· **성형수술**로 되는 게 있고 안 되는 게 있죠. 코를 높이거나 쌍꺼풀로 만드는 정도라면 몰라도 어떻게 얼굴 골격까지 뜯어고쳐요? 《안정효 : 실종》

북 · 드나들던 의사가 곧 **정형수술**을 하여 입도 열고 귀도 달아주며 멀끔하게 미남자 만들겠노라고 장담을 하였다. 《김병훈 : 개이지 않는 하늘》

· 얼굴에 입은 화상은 … 전쟁이 끝나면 **정형수술**을 받아야 하겠소. 〈리동구 : 아버지〉

세대주 (世帶主) [명사]

표대 ① = 가구주.

* 가구주 : 한 가구를 이끄는 주가 되는 사람.

…

조대 ① 한 세대를 대표하여 책임지고있는 사람.

❷《일정한 집단이나 분야의 사업과 살림을 책임지고 맡아하는 사람》을 비겨 이르는 말.

북에서 '세대주'는 "한 가구의 책임자"를 일컫는 동시에 "남편"을 가리키는 말로도 널리 사용된다. 다른 사람 앞에서 자신의 남편을 가리키거나 다른 사람의 남편을 지칭할 때 '남편'이라는 말 대신 '세대주'라는 말을 쓰는 경우가 많은 것이다. 그러나 남에는 "한 세대를 대표하는 사람"이라는 뜻만 있으며 '세대주 = 남편'이라는 등식이 성립하지 않는다.

북에서는 "일정한 집단이나 분야의 사업과 살림을 책임지고 맡아 하는 사람"을 가리킬 때에도 '세대주'를 쓴다.

예문

남 · 그들은 탄원서를 만들고, 사흘째 동네의 **세대주**들을 찾아다니면서 서명 날인을 받아오고 있었다.《한승원 : 해일》

· 돈나무골 열 가구의 **세대주**들이 한자리에 모여 있었다.《김종광 : 똥개행진곡》

· 배급이 끝나자, 촌장은 **세대주** 성명과 가족 수·배급 내역을 기록한 서류를 그에게 건네주었다.《이원규 : 훈장과 굴레》

북 · 갓 결혼한 부부인 경우에는 안해가 남편에 대하여《우리 **세대주**》,《저의 **세대주**》등으로 말하는것이 좋다. 〈송윤금 : 부부사이에 지켜야 할 부름말례절〉*

· 다른 사람들과의 대화에서는 서로《남편, 주인, **세대주**, 애기아버지, ○○아버지》또는《안해, 집사람, ○○어머니》등으로 정답게 부를수 있으며 좀 나이가 들면《령감, 로친, 임자》로 다정하고 친근하게 부르는것이 좋다.** 〈정태순 : 부르는 말도 례절있게〉

ㅅ

* 남측에서는 '아내', '예절', 북측에서는 '안해', '례절'이라고 한다.

** 남측에서는 '영감', '노친', 북측에서는 '령감', '로친'이라고 한다.

세련 (洗練/洗錬) [명사]

표대 ① 서투르거나 어색한 데가 없이 능숙하고 미끈하게 갈고닦음.

…

조대 ① 서투르거나 어색한데가 없이 좋고 훌륭하게 다듬는것.

❷ 시련을 겪으면서 경험을 쌓아 단련하는것.

"서투르거나 어색한 데가 없이 능숙하게 갈고닦음"의 뜻으로 남북에서 모두 쓰인다. 북에서는 "시련을 겪으면서 경험을 쌓아 단련하는 것"의 뜻으로도 쓰인다. 또한 '세련'에서 파생된 '세련되다'가 남에서는 형용사적 용법으로만 쓰이는 것과 비교하여 북에서는 "시련을 겪고 경험을 쌓으면서 단련되다"라는 뜻의 동사적 용법으로 쓰이기도 한다.

예문

북 · 리유천은 차일진이나 강진옥이보다 혁명적**세련**을 더 쌓은 사람들이였다.《혈로》

· 흠집이라면 만용기가 있는점인데 이것은 젊은 혈기탓이니 앞날의 **세련**이 해결할것이다.《리빈 : 홍범도》

· 일반적으로 공산주의운동지도자의 품격과 자질은 치렬한* 계급투쟁속에서 단련되고 **세련되는** 과정을 통하여 형성되지만 사회주의사회의 새 세대 지도자의 품격과 자질은 주로 당생활과 사회주의건설의 실천속에서 단련되고 **세련되는** 과정을 통하여 형성된다.〈혁명적당건설의 근본문제에 대하여〉

제보 · 군중과의 사업을 잘하기 위해서는 **세련된** 일군**이 필요하다.

---

* 남측에서는 '치열하다', 북측에서는 '치렬하다'라고 한다.

** 남측에서는 '일꾼', 북측에서는 '일군'이라고 한다.

셔터* ([영]shutter) [명사]

표대 ① 『연영』 사진기에서, 필름에 적당한 양의 빛을 비추기 위하여 렌즈의 뚜껑을 재빨리 여닫는 장치.

❷ 폭이 좁은 철판을 발[簾] 모양으로 연결하여 감아올리거나 내릴 수 있도록 한 문. 주로 방범을 목적으로 하여 출입구나 창문에 설치한다.

조대 ① 사진기에서 렌즈에 빛이 순간적으로 들어가게 열었다 닫도록 하는 장치.

② 자동차에서 랭각기를 지나는 공기량을 조절하는 장치.

"사진기에서, 렌즈의 뚜껑을 여닫는 장치"라는 뜻으로 남북에서 모두 쓰인다. 남에서는 "방범 목적으로 출입구나 창문에 설치한, 철판으로 된 발[簾] 모양의 덧문"을 가리키는 말로도 쓰인다.

예문

남 · 건물 벽이며 상가 **셔터** 아래쪽에 웅크리고 앉아 몸을 벌벌 떨어 대던 사람들도 그 소리를 들었다. 《임철우 : 봄날》

· 잠시 후, 그가 사진관 밖으로 나와 갈고리로 **셔터를** 끌어내렸다. 《김영하 : 사진관 살인사건》

· 찰칵찰칵하는 카메라 **셔터** 소리가 무섭도록 조용한 공기를 깨뜨리고 있었다. 《김성종 : 제5 열》

북 · 수십개의 카메라가 동시에 **샤타**를 눌렀다. 〈김은옥 : 항로〉

· 여기저기서 사진기의 **샤타** 누르는 소리가 들리고 사진기 조명불빛이 번쩍번쩍하였다. 〈보석반지〉

ㅅ

* 북에서는 '샤타'라고 한다.

❙ 남의 '셔터'

소풍 (逍風/消風) [명사]

표대 ① 휴식을 취하기 위해서 야외에 나갔다 오는 일.

❷『교육』 학교에서, 자연 관찰이나 역사 유적 따위의 견학을 겸하여 야외로 갔다 오는 일.

조대 (기분을 돌리거나 머리를 쉬우기 위하여) 바깥에 나가 얼마동안 거닐면서 바람을 쐬는 일.

"기분을 돌리거나 머리를 식히기 위해 바깥에 나가 바람을 쐬는 일"이라는 뜻으로 남북에서 모두 쓰인다. 남에서는 "학교에서 견학을 겸하여 야외로 나가는 일"이라는 뜻으로도 널리 쓰인다. 북에서는 학교에서 가는 견학을 '들놀이', '원족(遠足)'이라고 한다.

예문

남
- 이봐, 너 중학교 때 **소풍** 가서 내 노래 들어 봤지? 《전상국 : 음지의 눈》
- 전날 밤에 엄마가 만들어 준 **소풍** 준비물을 고스란히 그대로 들고 집으로 되돌아오고 있는 소년은 자기를 이 세상에서 제일 불행한 사람으로 여기고 있다. 《이강숙 : 세 개의 눈》

북
- 느리게 흐르는 개울물결에 자리잡은 낯익은 반촌에 들어서니 **소풍**을 하던 동네늙은이들이 그새 칠석은 남산재로 이사를 갔다고 일러주었다. 《리평 : 검이여 불타라》
- 하루종일 집에만 들어앉았던 나는 **소풍**도 할겸 책사* 나 한바퀴 돌아보려고 집을 나섰습니다. 〈박효준 : 이길을 가자〉
- 아무리 살림이 어려운 때라 해도 어찌다** 하는 애들의 **원족**에 우리가 점심곽*** 하나 남과 같이 싸줄수 없단말이요? 〈양해모 : 결석대표〉
- 어느 명절날 딸네 학교에서 **원족**을 간다고 하여 조봉녀는 찰떡과 송편을 밤새워 한함지 해놓았다. 〈조상호 : 어머니의 모습〉

---

* 책사 : = 책방. 《조대》

** 남측에서는 '어쩌다', 북측에서는 '어찌다'라고 한다.

*** 점심곽 : '점심밥곽'의 준말. 《조대》
'점심을 담은 도시락'이라는 뜻.

소행 (所行) [명사]

표대 이미 해 놓은 일이나 짓.

조대 해놓았거나 하는 일이나 행동.

남에서 '소행'은 부정적 의미를 지니나 북에서는 부정적 의미뿐만 아니라 긍정적 의미도 지닌다. 북에서는 남측의 '선행상'에 대응하는 말로 '소행상'을 쓰며, '아름다운 소행'이라는 표현이 자연스러울 정도로 '소행'이 긍정적 의미로도 널리 쓰이는 것이다.

예문

남
- 뭐 불량배들 **소행** 같은데 아직 확실히는 모르겠습니다.《김윤영 : 그때 그곳에선 무슨 일이 일어났나》
- 승재는 그때까지도 집안과 그 자신의 체통을 생각해서 규서가 당한 끔찍한 봉변을 경찰에는 단순한 강도의 **소행**으로 신고해 놓고 있었다.《박완서 : 미망》

북
- 그들은 그 아름다운 **소행**마저도 감쪽같이 감추고있지 않았던가! 〈김재규 : 날개〉
- 어렵고 힘든 초소로 수많은 청춘남녀들이 달려갔고 조국을 위해 청춘을 바친 영예군인들을 위해 천리길을 달려가 일생을 약속하는 아름다운 **소행들**이 곳곳에서 피여났다.* 〈황명순 : 대지에 뿌리내리고〉
- 이들의 **소행**은 건설자들의 입에서 입으로 넘나드는 자랑이였으며 기업소의 영예였다.《김길환 : 빛나는 길》
- 한참동안 그들의 아름다운 **소행**을 지켜보던 그는 군민의 아름다운 미풍에서 커다란 감동을 받아안게 되였다. 〈샘물터에서〉
- 현정식의 아름다운 **소행**을 신문과 잡지에 내기 위하여 기자들이 찾아왔다.《백은팔 : 초석》

---

* 남측에서는 '상이군인', '피어나다', 북측에서는 '영예군인', '피여나다'라고 한다.

▎북의 유치원 게시판

ㅅ

솜방망이 [명사]

표대 ① 막대기나 꼬챙이의 끝에 솜뭉치를 묶어 붙여 만든 방망이. 주로 기름을 묻히고 불을 붙여 횃불로 쓴다.

❷ 일정한 규칙이나 관습을 위반한 것에 대하여 너무 가볍게 또는 형식적으로 제한하거나 금지하는 것을 비유적으로 이르는 말.

③ 『의학』 소독한 솜, 거즈 따위를 원통(圓筒)이나 공 모양으로 만든 것. 국부(局部)에 넣어서 피를 멈추게 하거나 분비액을 흡수하는 데 쓴다.

…

조대 ① 끝에 솜뭉치를 쳐맨 방망이.

② 솜을 두어 기다랗게 만든 방망이.

"막대기나 꼬챙이 끝에 솜뭉치를 묶어서 만든 방망이"라는 뜻으로 남북에서 모두 쓰인다. "솜을 두어 기다랗게 만든 방망이"라는 뜻은 북의 사전에만 있지만 남에서도 그 쓰임이 자주 나타난다. 한편 남에서는 '솜방망이 처벌'에서 알 수 있듯이 "처벌 등이 너무 가볍고 엄하지 못한 것"이라는 뜻으로도 쓴다. 솜방망이로 때렸을 때 실제로는 별 타격을 입지 않는 데에서 비롯한 비유적 의미이다.

예문

남 · 군청에서는 불법 공장에 대한 형식적 고발과 한 달이면 수억을 버는 업체에 몇 백만 원 벌금이라는 **솜방망이 처벌**로 일관하고 있었다. 《공선옥 : 꽃 같은 시절》

· 한편에서는 **솜방망이 처벌**이라며 단속을 더욱 강화하라고 목소리를 높였다. 《박혜상 : 전봇대 네트》

북 · 그는 창고두에 걸어둔 기름에 절은 **솜방망이**를 찾아들고 과원으로 향했다. 〈장수근 : 과원에 꽃필무렵〉

· 나는 **솜방망이**에 뒤통수를 호되게 얻어맞는 순간처럼 그저 머리가 어리뻥뻥하였다. 《허여극 : 철산봉》

-수(手) [접사]

표대 (일부 명사 뒤에 붙어)

① '그것을 직업으로 하는 사람'의 뜻을 더하는 접미사.

② '선수'의 뜻을 더하는 접미사.

조대 ① (손으로 하는 행동을 나타내는 명사에 붙어) 《그 행동을 하는 사람》을 의미한다.

② (손으로 다루는 물건을 나타내는 명사에 붙어) 《그 물건을 다루는 사람》을 의미한다.

'-수(手)'는 '나팔수', '법고수'에서처럼 악기 이름 뒤에 붙어 "그 악기를 전문적으로 연주하는 사람"의 뜻을 더하는 접미사로 남북에서 모두 쓰인다. 그런데 남에서는 일반적으로 외래어로 된 악기 이름 뒤에는 '-수'가 결합하여 쓰이지 않는 것과 달리, 북에서는 이 경우에도 결합하여 쓰인다는 차이가 있다. 북의 '바이올린수', '기타수', '첼로수' 등이 이에 해당한다. 남에서는 이를 각각 '바이올리니스트', '기타리스트', '첼리스트'라고 한다.

피아노를 직업적으로 연주하는 사람을 남북 모두에서 '피아니스트'라고 하며, 북에서는 '피아노수'라고도 한다.

예문

[북] · 저 **바이올린수**는 자기 파트를 잘 끌고가는군. 〈최성진 : 광장의 교향곡〉

· 아직 소년기를 벗어나지 못한듯 한 애젊은 **기타수**는 온몸이 흥분에 젖어 능란한 솜씨로 기타줄을 골라치기 시작했다. 《최상순 : 굴착기운전공》

· 두손을 주산우에 올려놓고 희고 말쑥한 열개의 손가락을 잽싸게 놀리는 모양은 절정음부를 때리는 **피아노수**의 손처럼 빠르고 률동적이였다.* 《김응호 외 : 터전》

· 이렇게 먼 이국땅에서 아버지를 찾아 40년만에 왔던 걸음에 아버지처럼 **피아노수**로 성장한 남동생을 만나게 될줄이야…. 〈리방은 : 우리는 함께 무대에 섰습니다〉

ㅅ

* 남측에서는 '위', '율동적', 북측에서는 '우', '률동적'이라고 한다.

수리 (修理) [명사]

표대 고장 나거나 허름한 데를 손보아 고침.

조대 (헐거나 고장난것 등을) 고치는 일.

'수리'는 "고장 나거나 허름한 데를 손보아 고침"이라는 뜻으로 남북에서 모두 쓰인다. 그런데 남에서는 기계 등을 손보아 고칠 때는 '수리'를, 의복이나 신발 등을 손보아 고칠 때는 '수선'을 주로 쓴다. 이에 대하여 북에서는 기계류뿐만 아니라 의복이나 신발 등을 고칠 때에도 '수리'를 쓴다.

예문

북
- 광훈은《청년리발관*》,《옷수리하는 곳》,《목욕탕》등 간판이 걸린 편의소건물앞을 지나 흐뭇한 마음으로 숙소구역을 계속 천천히 거닐었다.《백현우 : 젊음을 자랑하라》
- 전영옥동무는 기술기능수준을 높이기 위하여 짬짬이 기술을 배웠고 여러곳을 찾아다니며 신발수리에 필요한 자재들을 확보하기 위하여 모든 노력을 다하였다.〈김성일 : 당을 따르는 마음〉
- 창호아바이, 지금 구두수리에 대한 사람들의 주문이 많아지는데 수리공이 적습니다.《김청남 : 나의 동시대인들》

북의 신발 수리공

* 남측에서는 '이발관', 북측에서는 '리발관'이라고 한다.

수전 (手顫) [명사]

표대 = 손떨림증.

* 손떨림증 : 손이 떨리는 증상. 주로 알코올 의존자나 노인에게서 나타난다.

조대 ① = 수전증.

* 수전증 : 손이 병적으로 덜덜 떨리는 증상.

② 《머리나 턱을 덜덜 떨거나 자꾸 흔드는것》을 이르는 말.

"손이 떨리는 증상"이라는 뜻으로 남북에서 모두 쓰인다. 북에서는 "머리나 턱을 덜덜 떨거나 자꾸 흔드는 것"이라는 뜻으로도 쓰인다. 애초에는 '수전'이 글자 그대로 손을 떠는 행위만을 가리켰을 텐데 북에서는 머리나 턱을 떠는 행위까지 가리키게 되어 생긴 의미 차이이다.

예문

북 · 김씨는 당장 머리에 수전이 나서 흔들흔들 흔들며 웃방에 령감을 올려다보며 물었다.* 《대하는 흐른다》

· 리갑무로인은 … 한참동안 성토문을 읽었다. 다 읽고난 로인은 수전이 난 턱을 더욱 떨며 밥상을 내가라고 소리를 질렀다.** 《415문학창작단 : 은하수》

ㅅ

* 남측에서는 '윗방', '영감', 북측에서는 '웃방', '령감'이라고 한다.

** 남측에서는 '노인', 북측에서는 '로인'이라고 한다.

시연회 (試演會) [명사]

표대 무용이나 연극 따위를 일반에게 공개하기 전에 시험적으로 상연하기 위하여 이루어지는 모임.

조대 시연을 목적으로 하는 모임.

"무용이나 연극 등을 일반에게 공개하기에 앞서 관계자나 비평가 등에게 시험적으로 상연하기 위한 모임"이라는 뜻으로 남북에서 모두 쓰인다. 남에서는 공연뿐만 아니라 새로 나온 제품 등을 선보이는 행사 같은 것을 가리킬 때에도 '시연회'를 쓴다. 북에서는 "공연을 앞두고 실제처럼 하는 연습"을 가리키기도 하는데, 남에서는 이 의미로 '예행연습'이나 '리허설(rehearsal)'을 쓴다.

예문

남
- 공연 **시연회** 하는 날 꼭 오세요, 자리 마련해 놓겠습니다.《이은조: 나를 생각해》
- 삼사십 대 젊은 학부모들이 초중생 자녀들에게 차를 알려 주고 싶다고 해서 별도의 차 **시연회**도 가졌다.《이근수 : 차인의 향기》

북
- 이제 **시연회**가 끝나면 얼마 안있어서 공연이 시작되겠는데 종장을 할 때 있지 한두번쯤 내가 네대신 들어가잔말이야.《한기석 : 꽃바다》
- 윤식이, 이번 **시연회**때 창규동무도 하모니카합주에 꼭 참가시키자!《서광 : 하모니카합주》

참고

남
- 무대 위에서 그들은 제의를 **예행연습**하고 있었다.《이인성 : 그 세월의 무덤》
- **리허설** 시간에, 벨기에 출신의 가수는 의자 곁에 선 채 피아노에 맞추어서 가장 처음의 음절을 깊고도 낮은 소리로 시작했다.《배수아 : 에세이스트의 책상》

식상 (食傷) [명사]

표대 ❶ 같은 음식이나 사물이 되풀이되어 물리거나 질림.

② 『한의학』 음식에 의하여 비위가 상하는 병증. 과식을 하거나 익지 않은 음식, 불결한 음식을 먹거나 기분이 안 좋은 상태에서 음식을 섭취할 때 생긴다.

조대 고려의학에서, 음식을 먹고 위장이 상한 병. 음식을 지나치게 먹었거나 변질된 음식을 먹었을 때 생긴다.

"음식에 의하여 위장이 상하는 병"을 가리키는 한의학 전문어로 남북에서 모두 쓰인다. 남에서는 "같은 음식이나 사물이 되풀이 되어 물리거나 질림"의 뜻으로도 쓰인다.

예문

남 · 그는 다른 친구들의 상투적인 실없는 소리에 식상이 되어서인지 좀 자극적이다 할 윤 교수의 얘기가 은근히 내키는 모양이었다. 《김용만 : 동창친목회》

· 어째서인지, 요즘은 어떤 글이든 쓰다 보면 금세 생기 없는 식상한 내용이 되어 버리는구나. 《한강 : 희랍어 시간》

· 좋은 음식도 매일 먹으면 식상하듯이 국민이 그런 식으로 국기에 식상해진다면 그야말로 큰일 아닌가. 《현기영 : 위기의 사내》

ㅅ

싱검쟁이 [명사]

표대 싱거운 짓이나 싱거운 소리를 잘하는 사람을 놀림조로 이르는 말.

…

조대 = 싱검둥이.

* 싱검둥이 : ①《싱거운짓이나 싱거운 소리를 잘하는 사람》을 놀림조로 이르는 말.
②《멋적다* 할 정도로 키가 큰 사람》을 놀림조로 이르는 말.

"싱거운 짓이나 싱거운 소리를 잘하는 사람을 놀림조로 이르는 말"로 남북에서 모두 쓰인다. '싱검쟁이'는 형용사 '싱겁-'에 접미사 '-ㅁ'과 '-쟁이'가 결합해서 된 말이며, 이때의 형용사 '싱겁-'은 "사람의 말이나 행동이 다소 엉뚱한 느낌을 주다"라는 뜻을 가진 말이다.

한편 북에서는 "키가 큰 사람"을 놀림조로 이르는 말로도 쓰인다. 이 용법은 '키 크고 싱겁지 않은 사람 없다'라는 속담에서 기원한 것으로 추정된다. '싱검쟁이'와 같은 뜻을 지니는 말로 '싱검둥이', '싱검바우'가 있는데 이들은 북에서만 쓰이는 말이다.

예문

북 · 그는 키가 껑충한데다가 금이** 를 드러내고 벌씬 웃으면서 싱거운 소리를 잘하여 처녀들은 모두 그를 **싱검쟁이**라고들 한다.《조대》

· 《**싱검쟁이**!》 녀동무*** 들이 일제히 그를 보고 쏘아댔다.《박종상 : 봄비》

· 저 키다리 **싱검둥이**도 씨알 배긴 소리를 할 때도 다 있구나 하는 생각이 들어 성렬은 한걸음 더 다가섰다. 〈김은옥 : 항로〉

· 할일 없는 **싱검둥이**가 아침부터 별나게 지분거린다는 생각이 들었다. 〈림화원 : 오후 5시〉

* 남측에서는 '멋쩍다', 북측에서는 '멋적다'라고 한다.

** 남측에서는 '금니', 북측에서는 '금이'라고 한다.

*** 남측에서는 '여동무', 북측에서는 '녀동무'라고 한다.

썰다 [동사]

표대 [1] 【…을】 어떤 물체에 칼이나 톱을 대고 아래로 누르면서 날을 앞뒤로 움직여서 잘라내거나 토막이 나게 하다.

…

조대 ① 칼이나 톱 같은것의 날을 어떤 물체에 대고 앞뒤로 움직여서 그것을 토막이 나게 자르다.

❷ 《(무엇을) 헤가르며 지나가다》를 비겨 이르는 말.

③ = 써리다.

* 써리다 : 써레를 치다.

"톱이나 칼로 무엇을 자르거나 토막이 나게 하다"라는 뜻으로 남북에서 모두 쓰인다. 북에서는 '썰다'가 '특정 공간'이나 '바람, 공기' 등과 함께 쓰여 "무엇을 헤가르며 지나가다"라는 뜻을 나타내기도 한다. 한편 '찬바람을 썰다', '새벽 공기를 썰다'와 같은 표현이 남에서는 '찬바람을 가르다', '새벽 공기를 가르다'로 쓰이는데, 이는 북에서도 쓰이는 표현이다.

예문

북 · 앙칼진 파편들이 대기를 **썰며** 날아쳤다. 〈석창갑 : 준엄한 나날의 전우〉

· 예광탄의 불꼬리가 비수같이 서리차게* 머리우를 **썰었고** 땅크발동기소리와 돌격의 웨침소리가 간단없이 터지군 하였다. 《정기종 : 녀가수》**

· 저 멀리에서 서슬푸른 칼날같은 탐조등빛이 캄캄한 하늘을 **썰었고** 신호탄, 조명탄이 밤하늘을 태웠다. 〈리정수 : 아름다운 풍경〉

ㅅ

* 서리차다 : 서리발이 뻗친것처럼 날카롭다. 《조대》

** 남측에서는 '위', '탱크', '외침', '여가수', 북측에서는 '우', '땅크', '웨침', '녀가수'라고 한다.

쓰다 [동사]

표대 [1] 【…에 …을】

① 어떤 일을 하는 데에 재료나 도구, 수단을 이용하다.

② 사람에게 일정한 돈을 주고 어떤 일을 하도록 부리다.

③ 【…을 …으로】 사람을 어떤 일정한 직위나 자리에 임명하여 일을 하게 하다.

[2] 【…에/에게 …을】

① (흔히, '한턱', '턱' 따위와 함께 쓰여) 다른 사람에게 베풀거나 내다.

② 【…을 …으로】 어떤 일을 하는 데 시간이나 돈을 들이다.

③ 【-려고】 ('-려고' 대신에 '-기 위하여'가 쓰이기도 한다) 힘이나 노력 따위를 들이다.

④ 어떤 못마땅한 표정을 짓거나 합당치 못한 일을 강하게 요구하다.

[3] 【…을】

① 몸의 일부분을 제대로 놀리거나 움직이다.

② 【…을 …으로】 어떤 건물이나 장소를 일정 기간 사용하거나 임시로 다른 일을 하는 곳으로 이용하다.

③ 【…에/에게 …을】【…을 …으로】 어떤 말이나 언어를 사용하다.

[4] ('-아서/-면 쓰-' 구성으로 쓰여) (주로 반어적인 표현에 쓰여) 도리에 맞는 바른 상태가 되다.

조대 ① (물건, 재료, 도구 같은것을) 어떤 목적에 리용하다.

② (병이나 상처를 다스리느라고) 약을 바르거나 몸안에 넣거나 하다.

③ 사람을 고용하거나 채용하여 일을 시키다.

④ (무엇에) 마음이나 힘을 들이다.

⑤ (고집이나 억지를) 심하게 부리다.

⑥ (어떤 수단이나 방법을) 부리거나 적용하다.

⑦ (권세나 권리 같은것을) 부리다.

⑧ (몸의 일부를) 놀리거나 움직이다.

⑨ (남에게서 빚을) 내다.

⑩ (주로 좋은 일이 있을 때에) 사람들에게 음식을 대접하거나 선물 같은것을 베풀다.

⑪ (장기, 바둑, 윷과 같은 놀이에서 쪽을 규칙에 따라) 옮겨놓다.

⑫ 크게 소리를 내거나 지르다.

⑬ 마땅하거나 옳다고 여기거나 그렇게 되다.

⓮ (《쓰게》형으로 쓰이여) 《제대로 잘》, 《훌륭하게》의 뜻.

⑮ (무엇이) 성하다.

⑯ (어떤 일에) 대책을 세우다.

"어떤 일을 하는 데에 재료나 도구, 수단 같은 것을 이용하다"라는 기본 의미와 여기서 파생된 의미들도 남북이 대체로 일치한다. 다만 '일을 쓰게 하다', '훈련을 쓰게 하다' 등에서처럼 '쓰게' 형으로 쓰여 "제대로 잘" 또는 "훌륭하게"라는 부사적 의미를 나타내는 용법은 북에만 있다.

예문

북 · 우리들이 일을 **쓰게** 하지 못해 이런 불상사가 생겼습니다. 그러나 이제 곧 수습하겠습니다.《량우직 : 서곡》

· 일을 **쓰게** 도와드리지 못해 미안해요. 〈김창옥 : 우리세대의 평범한 나날〉

아이스크림 ([영]ice cream) [명사]

표대 우유, 달걀, 향료, 설탕 따위를 넣어 크림 상태로 얼린 것.

조대 → 에스키모.

* 에스키모 : 소젖, 닭알, 사탕가루, 향료 같은것을 섞어 한데 풀어서 크림 비슷하게 하여 얼음 같이 차게 하거나 얼음과자처럼 만든 음식의 하나. 제조기에서 균질화하여 종이에 싸거나 잔이나 종이 고뿌에 담아낸다.

남에서 '아이스크림'은 넓게는 부드러운 크림 상태로 얼린 것과 딱딱하게 얼린 것을 통칭하는 말이고, 좁게는 부드러운 크림 상태로 얼린 것만을 가리키는 말이다. 북의 '에스키모'는 넓은 의미의 '아이스크림'과 같은 말이다. 한편 부드러운 '아이스크림'과 상대하여 딱딱하게 얼린 것을 가리킬 때 남북에서 공통적으로 사용하는 말로는 '얼음과자', '빙과' 등이 있으며 이 중 북에서 자주 사용하는 것은 '얼음과자'이다. 남에서만 쓰는 말로는 '하드(hard)'가 있다.

예문

남
- 딸은 차가워진 **아이스크림** 숟가락을 세워 입술에 댄 채 잠시 허공을 바라보았다. 《은희경 : 내가 살았던 집》
- 풋사과도 있었고 알사탕도 **아이스크림**도 있었다. 《양귀자 : 방울새》

북
- 눈같이 하얀 **에스키모**를 담은 비닐그릇을 든 처녀가 랭동기실* 에서 나왔다. 〈김덕철 : 출발점〉
- 송경은 시원한 **에스키모**를 먹으며 자기들을 위해주는 어머니에 대한 고마움을 느꼈습니다. 《길성근 : 축구소녀》
- **에스키모** 한개 사먹으면 좋겠다야. 《반상서 : 우리 나라》

* 남측에서는 '냉동기실', 북측에서는 '랭동기실'이라고 한다.

참고

남 · 여자는 그때까지 **하드**를 꿰었던 나무 꼬챙이를 들고 있었다. 《하성란 : 낮과 낮》

북 · 야, 씨원한** **얼음과자**나 있었으면. 《한기석 : 꽃바다》

· 온몸을 땀으로 흠뻑 매닥질한 아이들은 **얼음과자** 두개씩을 게눈감추듯 먹어버리였다. 《김정 : 따뜻한 도시》

· 더운날에 땀을 많이 흘렸다고 해서 **얼음보숭이, 얼음과자**를 한꺼번에 많이 먹지 말아야 한다. 〈김정수 : 여름철 설사증을 막으려면〉

북의 '에스키모'

** 남측에서는 '시원하다', 북측에서는 '씨원하다'라고 한다.

애무 (愛撫) [명사]

표대 주로 이성을 사랑하여 어루만짐.

조대 사랑하고 귀여워하며 어루만지는것.

"사랑하여 어루만짐"의 의미로 남북에서 모두 쓰인다. 어루만지는 대상이 남에서는 주로 이성에 한하는 반면, 북에서는 아이, 짐승 등 그 범위가 넓다. 또한 북의 말뭉치를 보면, 북에서는 '애무'가 어떤 대상을 손 같은 것으로 어루만지는 구체적인 행위를 가리키는 말로서만이 아니라 은유적인 의미로도 쓰여, '애무의 말', '애무에 찬 눈길', '애무에 넘친 정'과 같은 표현이 많이 나타난다. 이것은 북에서는 '애무'가 성적(性的)인 의미가 거의 없이 긍정적인 의미를 지니기 때문으로 보인다.

예문

남 · 나는 점점 능동적으로 그의 **애무**를 받아들이고 있었다. 《박완서 : 나목》

· 누가 먼저인지 모르게 입술을 가져갔고 격렬한 **애무**로 이어졌다. 《백동호 : 보리밭에 달 뜨면》

북 · 누렁이는 **애무**를 고마와하며* 알뜰의 발치에 엎디였다.《백현우 : 불을 다루는 사람들》

· 눈은 마음의 거울이라는 말도 있듯이 분대장동문 **애무**의 정이 담뿍 어린 따뜻하고 정겨운 눈빛으로 길길이 뻗어간 통신선이며 전주대들을 살피며 걷다가도 풀넝쿨줄기가 전주대를 감아돌며 뻗어오른것이 눈에 띄우면** 걸음을 멈추고 애써 잘라버리군 하는것이였어요.〈리기창 : 병사의 숨결〉

· 손자녀석은 할아버지의 **애무**에 좋아라 발버둥을 치며 캐드득거리였다. 《변희근 : 뜨거운 심장》

· 안해는 석민의 **애무**의 말에 가슴이 뭉클하여 솟아나는 눈물을 가리우려는듯 돌아앉아 다소곳이 고개를 숙인다. 《백인준 : 금강산처녀》

· 안해의 목소리는 변함없는 **애무**로 차있었으나 오히려 그것이 아픈 상처를 건드려 놓아 손의 떨림은 점차 몸의 떨림으로 바꾸어지고 두볼로는 땀인지 눈물인지 알수 없는 진득진득한것이 줄지어 흘러내렸다. 《림재성 : 최후의 한사람》

· **애무**에 가득 찬 시선으로 자기의 후임자를 그윽히*** 바라보며 동생을 타이르듯이 말했다. 〈최학윤 : 초소〉

· 태삼은 이 밤에 따스한 그 어떤 **애무**의 손길이 그리웠다. 〈김동욱 : 병사의 고향〉

ㅇ

* 남측에서는 '고마워하다', 북측에서는 '고마와하다'라고 한다.
** 남측에서는 '뜨이다', 북측에서는 '띄우다'라고 한다.
*** 남측에서는 '그윽이', 북측에서는 '그윽히'라고 한다.

어깨 [명사]

표대
① 사람의 몸에서, 목의 아래 끝에서 팔의 위 끝에 이르는 부분.
② 옷소매가 붙은 솔기와 깃 사이의 부분.
③ 짐승의 앞다리나 새의 날개가 붙은 윗부분.
❹ 힘이나 폭력 따위를 일삼는 불량배를 속되게 이르는 말.

조대
① 팔이 몸에 붙은 곳으로부터 목까지사이의 부분.
② 짐승의 앞다리가 붙은 부분 또는 새의 날개가 붙은 부분.
③ 옷의 소매가 붙은 솔기와 목옆의 깃과의 사이부분.
④ 물체의 두면이 볼록하게 곡면을 이루며 련결되는 부분.
⑤ 고려의학에서, 귀침혈에 속한 침혈이름. 꺾쇠뼈웃쪽의 제2등분구역안에서 귀구슬 웃절흔과 수평으로 있다. 류마치스성관절염, 기운목, 어깨관절주위염 등에 침을 놓는다.
⑥ 바둑놀이에서, 상대방돌의 사선으로 웃쪽의 자리.

"목의 아래 끝에서 팔의 위 끝에 이르는 부분"이라는 뜻으로 남북에서 모두 쓰인다. 이 기본 의미에서 파생된 의미들도 남북이 대체로 일치한다. 다만 남에서는 "폭력을 일삼는 불량배를 속되게 이르는 말"이라는 부정적인 의미로도 사용된다. 이 의미는 '어깨', '폭력배'를 의미하는 일본어 'かた(肩)'를 차용한 것이다.

예문

남
· 규율부원 하나와 그를 돕는 몇몇 **어깨**가 명훈처럼 늦은 학생들을 몰아대고 있을 뿐이었다.《이문열 : 변경》
· 삼룡이 놈은 또한 역전 거리의 **어깨**들과도 한패라는 소문이 아주 위력을 내고 있었다.《조선작 : 시사회》

얼룩말 [명사]

표대 얼룩말류의 포유류를 통틀어 이르는 말. 어깨의 높이는 1미터 정도이며, 흰색 또는 엷은 황색이고 바탕에 검은색 줄무늬가 있다. 갈기는 꼿꼿하게 섰고 꼬리털은 적다. 떼를 지어 사는데 초식성으로 성질이 사나우며 동남부 아프리카의 초원에 분포한다. 그레비얼룩말 따위가 있다.

조대 = 얼럭말.

* 얼럭말 : 털빛이 얼럭진 말.

"아프리카 초원에 사는 흰색과 검은색이 교차하는 줄무늬가 있는 말"을 남에서는 '얼룩말', 북에서는 '줄말', '줄기말'이라고 한다. 북에서 '얼룩말'은 '얼럭말*'과 같은 말로 "털빛이 얼룩진 말"을 뜻한다.

한편 '얼룩+동물' 구조의 단어 가운데 '얼룩소'는 남북에서 "털빛이 얼룩진 소"라는 뜻으로만 쓰여 의미 차이가 없다.

예문

남 · 누 무리와 함께 세렝게티 초원에서 마음껏 풀을 뜯고 있는 **얼룩말**의 무늬는 정말 예뻤다. 《정도상 : 찔레꽃》

북 · 흰말, 밤색말, **얼룩말** 갖가지 말들이 금시 투레질을 할듯 애들을 태우고 네굽을 치듯 돌아가기 시작한다. 〈김봉철 : 가을향기〉

· 사자의 먹이잡이 대상은 주로 **줄말**이나 영양이다. 〈사자〉

· 세링게티민족공원에는 40여만마리의 각종 동물들이 생활하는 자연동물원이 있다. 주요 동물로서는 아프리카코끼리, 기린, 들양, 서우, **줄말**, 사자, 표범 등을 들수 있다. 《교육도서출판사 : 지리》

· 들소, **줄기말**, 기린, 원숭이들이 무리지어 사는 모래밭과 풀이 무성한 진펄을 걷고 또 걸어 바다가 작은 도시에 다달을수 있었다. 《리림수 : 해님** 의 나라》

ㅇ

* 북에서는 '얼럭+X' 구조의 복합어로 '얼럭그늘나비, 얼럭개, 얼럭나무좀나비, 얼럭밥, 얼럭보가지, 얼럭이, 얼럭젖소, 얼럭쥐, 얼럭호박' 등이 있다.

** 남측에서는 '햇님', 북측에서는 '해님'이라고 한다.

북의 조선우표사에서 발행한 '줄말' 우표

여주인* (女主人) [명사]

표대 여자 주인.

조대 ① (어떤 기업체의) 녀자인 주인.

❷ = 안주인.

* 안주인 : 바깥주인에 상대하여《녀자주인》을 이르는 말.

"기업이나 가게 등의 여자 주인"이라는 뜻으로 남북에서 모두 쓰인다. 북에서는 "집안의 여자 주인"을 달리 이르는 말로도 쓴다. 남에서는 이 의미로 대개 '안주인'을 쓴다.

예문

남 · '지니네 왕대포'의 **여주인** 지니는 젓가락 장단의 고수였다.《정유정 : 7년의 밤》

· ××정을 대놓고 사다 먹는 단골 약국의 **여주인** 말이 생각난다.《박완서 : 휘청거리는 오후》

북 · 그처럼 각근한 정성으로 사연많은 이 구기자를 가꾸던 속이 깊고 마음씨 착한 이 집의 **녀주인**은 어디로 갔단말인가?《리평 : 검이여 불타라》

· 작년에 자동차사고로 사망했다는 **녀주인**의 남편인 모양이였다.〈김오 : 교수의 증언〉

ㅇ

* 북에서는 '녀주인'이라고 한다.

오그랑이 [명사]

표대 ① 안쪽으로 오목하게 들어가거나 주름이 잡힌 물건.

② 마음씨가 바르지 못한 사람을 비유적으로 이르는 말.

…

조대 ① 그랑하게 된 물건.

❷ 주로 찹쌀이나 수수, 밀 같은 낟알가루를 반죽하여 동글하게 빚은 덩이떡. 팥죽이나 만두국에 같이 두고 끓여먹는다.

③《맘씨가 바르지 않은 사람》을 비겨 이르는 말.

"오목하게 들어간 물건", "마음씨가 바르지 못한 사람"이라는 뜻으로 남북에서 모두 쓰인다. 북에서는 '오그랑이'가 "찹쌀 등으로 동글하게 빚어 팥죽 등에 넣고 먹는 떡"을 가리키기도 하는데, 남에서는 이에 대응하는 말로 '새알심'이 쓰인다. 북에서는 '오그랑이' 이외에 '동그랭이', '새알심', '오그랭이'도 쓰인다.

예문

북 · 동지죽에 빚어 넣은 **오그랑이**를 자기 나이만큼 먹어야 감기에 걸리지 않고 몸이 건강해진다는 말도 전해온다. 〈리종선 : 동지죽〉

· 새애기야, 웬 **오그랑이**를 내 죽그릇에만 이렇게 많이 담았느냐? 〈김복련 : 다시 쓴 동지팥죽〉

참고

남 · 여자가 팥죽에 넣을 **새알심**을 잰 손길로 만들며 싱글거렸다.《조정래 : 태백산맥》

북 · **동그랭이**를 먹을 나이수만큼 먹는다는 풍습은 이미 동지죽이《귀신》설에서 나와 작은 설 음식으로 되면서부터 생긴것으로 본다. 〈최원희 : 동지와 동지죽〉

· 어린이들은 먹지 말라고 해도 자기나이보다 **새알심**을 더 먹었다. 〈박순희 : 동지팥죽〉

· 흰쌀알이 푹 퍼지면 팥앙금을 두고 늘어붙지않게 저어주면서 끓인 다음 **오그랭이**를 넣고 끓이다가 **오그랭이**가 익으면 소금으로 간을 맞추고 그릇에 담는다. 〈동지죽만들기〉

오리발 [명사]

표대 ① = 물갈퀴.

* 물갈퀴 : ①『동물』 개구리, 기러기, 오리 따위의 발가락 사이에 있는 엷은 막. 헤엄을 치는 데 편리하다.
② 사람이 물속에서 활동할 때에 발에 끼는 오리발 모양의 물건.

② 손가락이나 발가락 사이의 살가죽이 달라붙은 손발을 놀림조로 이르는 말.

❸ 엉뚱하게 딴전을 부리는 태도를 속되게 이르는 말.

…

조대 ① 오리의 발.

②《생물》(물에서 사는 짐승이나 벌레에서) 헤염치기에 알맞게 발가락사이에 물갈퀴가 있는 발.

③《손가락이나 발가락사이가 맞붙은 손이나 발》을 비겨 이르는 말.

④ 오리발처럼《빨갛고 거칠어진 손이나 발》을 비겨 이르는 말.

⑤ 오리발처럼 생겼다고 하여《잠수부들이 발에 착용하는 도구》를 이르는 말.

⑥ 다리가 곧지 못하여 두무릎사이가 벌어지는 다리 또는 그런 다리를 가진 사람.

"오리의 발" 또는 "수영이나 잠수를 할 때 쓰는, 오리의 물갈퀴처럼 생긴 도구"를 가리키는 말로 남북에서 모두 쓰인다. "오리발처럼 빨갛고 거칠어진 손이나 발"이라는 뜻은 북의 사전에만 올라 있지만, 남에서도 쓰임이 있다. 남에서는 '오리발'이 "엉뚱하게 딴전을 부리는 태도를 속되게 이르는 말"로도 쓰인다. 이는 '닭 먹고 오리발 내민다'라는 속담에서 기원한 것으로 추정된다. 북에서는 "늘 붙어 다니는 친한 친구"라는 뜻으로 '오리발친구'라는 표현이 쓰이는 등 '오리발'이 남에서와 달리 긍정적인 의미로도 쓰인다. 또한 북에서는 '삐뚤빼뚤한 글씨'를 '오리발'에 비유하는 경우가 있는데, 이런 용법은 남에서는 찾기 어렵다.

예문

남 · 사정 좋아하고 있네. 시민의 발이라고 떠들 땐 언제고 정작 필요할 때는 **오리발**이야?《김진경 : 그림자 전쟁》

· 철석같이 믿었던 그놈은 싹 **오리발**을 내밀고 말았어.《조정래 : 비둘기》

북 · 성격이 괴벽하고 거짓말을 잘하며 아이들이 한번 한 잘못에 두번세번 보복하고 **닭 잡아먹고 오리발 내놓는** 그런 일을 식은 죽 먹기로 하는 훈장이였다.《김경식 : 훈장과 똘똘이》

· 형철은 고지식한 직통배기이다. **닭 잡아먹고 오리발 내밀** 그런 비렬한* 사람이 아니다.《김응일 : 비약의 열풍》

· 어머니도 내 글씨가 **오리발**같다고 하면서 편지를 못쓰게 했습니다. 〈김정 : 사냥의 아침〉

참고

북 · 자기와 … 광혁이, 이 집 맏손자인 정손이는 **오리발친구**인데 동네가운데서 가장 장난이 세찬 애군**들이였다. 〈정창도 : 귀향〉

---

* 남측에서는 '비열하다', 북측에서는 '비렬하다'라고 한다.

** 애군 : 늘 애를 먹이는 사람.《조대》

외계 (外界) [명사]

표대 ① 바깥 세계. 또는 자기 몸 밖의 범위.

❷ 지구 밖의 세계.

…

조대 바깥의 세계.

"바깥 세계"라는 뜻은 남북에서 모두 쓰인다. 남에서는 '외계'가 "지구 바깥의 세계"를 가리키기도 하는데, 북에는 이러한 용법이 없다. 이런 이유로 '우주인'이라는 말은 남북에서 모두 쓰이는 반면 '외계인'이라는 말은 남에서만 쓰인다.

예문

남
- 세 개의 눈을 가진 **외계** 생물의 형상을 상상하며 우리가 끔찍하다고 여기는 것처럼, 그 세눈박이 **외계인들**은 우리를 끔찍하게 여기겠지.《한강 : 그대의 차가운 손》
- 여긴 어쩐지 지구가 아닌 먼 **외계**의 도시인 것만 같다.《김영하 : 당신의 나무》

북
- 그들모두는 서로가 신변의 안전을 념려하면서도 **외계**의 동향에 커다란 관심을 돌리고 기쁜 소식이 있으면 밤을 새워 통방으로 련락하군 하였다.*《허춘식 : 인간의 한생》
- 남편은 **외계**의 소요와는 담벽을 쌓고 마당 한쪽구석에 살구나무묘목을 한대 심고있었다.《윤원삼 : 불새》

ㅇ

* 남측에서는 '염려하다', '연락하다', 북측에서는 '념려하다', '련락하다'라고 한다.

요양소* (療養所) [명사]

표대 = 요양원.

* 요양원 : 환자들을 수용하여 요양할 수 있도록 시설을 갖추어 놓은 보건 기관.

조대 료양할 사람을 받아 치료하는 치료예방시설. 자연치료조건에 따라 광천료양소, 감탕료양소, 기후료양소 등이 있으며 질병에 따라 여러가지 료양소들이 있다.

남에서는 주로 "질병이나 기능 장애, 심신 쇠약으로 간호인에게 의지해야 하는 병약한 노인들을 수용하여 간호하고 수발하는 기관"을 가리키는 말로 '요양소', '요양원'이 모두 쓰이나 북에서는 '요양소'만 쓰인다. 북에서는 연령과 상관없이 "급성 질병의 후유증이나 만성 질병 등에 시달리는 환자들의 건강 회복을 위하여 설치된 의료 기관"을 '료양소'라고 한다. 온천이나 약수가 있는 곳, 기후가 좋은 곳에 세우고 식사 요법, 물리 치료 등으로 환자를 치료한다.

예문

남 · 어머니가 **요양소**로 들어간 후 그들은 각기 다른 후견인에게 맡겨져 지내고 있었다. 《최수철 : 침대》

· 사과와 배를 한 광주리씩 사 들고 결핵 **요양소**가 있는 가포동으로 떠났다. 《김원일 : 불의 제전》

북 · 보천군에 있는 내곡온천에 근로자들을 위한 **료양소**건설문제가 거론되던 1976년 7월 어느날…. 《평양출판사 : 위인의 초상》

· 중앙병원과 **료양소들**에서 병을 깨끗이 털고 일어났을 때 그는 담화하기 위해 내려온 일군** 에게 탐사대로 보내달라고 선뜻 제기하였던것이다. 《손광영 : 자원을 찾는 사람들속에서》

· 중상을 당하여 입원하였으나 이제는 회복기에 들어 **료양소**로 떠나보낸 한 청년군인이 종적을 감추어버린것이다. 〈김명익 : 청춘의 삶이 빛나는곳〉

· 학원군의는 나를 검진해보더니 학원에 받기에 앞서 **료양소**에 보냈어야 했다고 말했다. 키가 작고 몸이 약하다보니 점차 아이들이 나를 숙보게*** 되었다. 《리춘복 : 황철나무》

· 그 사람이 지금 퇴원하여 온천**료양소**에 와있네. 〈리영환 : 버드나무〉

---

* 북에서는 '료양소'라고 한다.

** 남측에서는 '일꾼', 북측에서는 '일군'이라고 한다.

*** 남측에서는 '업신여기다', 북측에서는 '숙보다'라고 한다.

용병 (傭兵) [명사]

표대 지원한 사람에게 봉급을 주어 병력에 복무하게 함. 또는 그렇게 고용한 병사.

조대 (낡) 고용병.

'용병'은 "봉급을 주고 고용한 병사"라는 뜻의 군사 용어로서 남북에서 모두 쓰인다. 남에서는 "일정한 보수를 받고 다른 나라의 팀에 소속되어 활동하는 운동선수"를 가리키는 말로도 쓰인다.

'용병(用兵)'에서 파생된 '용병술'도 군사 용어로서, "군사를 지휘하여 부리는 방법이나 기술"이라는 뜻으로 남북에서 모두 쓰인다. 남에서는 '**용병술**에 능한 감독'이라는 표현에서 알 수 있듯 "운동 경기에서, 선수를 부리는 기술"이라는 뜻으로도 쓰인다.

예문

남 : **용병** 제도를 도입해 하위 등급 쪽에서 쓸 만한 격투 선수를 영입해 자기네 대표로 추대할 수 있게 하는 룰 덕분에 매우 유리한 입장에서 승리를 쟁취할 수 있게 된다.《주원규 : 무력소년 생존기》

ㅇ

위생 (衛生) [명사]

표대 건강에 유익하도록 조건을 갖추거나 대책을 세우는 일.

조대 ① 건강에 해를 주는 요소들을 없애고 건강을 보호증진하는데 맞게 생활을 하며 필요한 환경과 조건들을 마련하는 일.

❷《달거리》를 달리 이르는 말.

"건강을 위하여 필요한 환경과 조건을 마련하는 일"이라는 뜻으로 남북에서 모두 쓰인다. 북에서는 "여성의 생리"를 가리키는 말로도 쓰인다. 따라서 남에서는 '생리대', '생리하다', '생리 전후', '생리 전'이라는 표현이 쓰이는데, 북에서는 '위생대', '위생하다', '위생 전후', '위생 중'이라는 말이 쓰인다.
북의 사전에는 '위생가방', '위생소', '위생솜', '위생수건', '위생일', '위생자기', '위생종이', '위생체조', '위생함', '위생향수' 등이 있어 '위생'이라는 말이 남에서보다 조어(造語)에 활발하게 쓰임을 알 수 있다.
'위생실'은 남북 모두에서 쓰이나 그 의미가 다르다. 남에서는 '양호실'과 같은 말로 "회사나 학교에서 구성원의 건강·위생 등을 돌보는 곳"을 가리키나, 북에서는 '화장실'과 같은 말로 쓰거나 "여성의 위생 관리를 위한 곳"을 가리킨다.

예문

북 · 생리적인 어지럼증을 보면 … 대체로 담배를 피우거나 술을 마셨을 때, 약물에 의한 부작용때, 녀성* 들이 **위생전**이나 **위생중**, 갱년기장애, 임신했을 때 일어나기도 합니다. 〈어지럼증〉

· 처녀가 **위생가방**끈을 한손에 붙든채 달려오고있었다. 〈백보흠 : 맑은물〉

· 하응흠이 번지르르한 입술을 **위생수건**으로 닦았다. 《윤정길 : 의리의 전역》

* 남측에서는 '여성', 북측에서는 '녀성'이라고 한다.

참고

《조대》 **위생가방(衛生--) [명사]**

간단히 치료할수 있는 의약품들과 위생에 필요한 도구나 물품들을 넣어가지고 다닐수 있게 만든 빨간 십자표식(+)이 박혀있는 가방.

위생소 (衛生所) [명사]

위생 사업을 맡아하는 조직의 하나 또는 그 기관

위생솜(衛生-) [명사]

위생성이 보장된 약솜.

위생수건(衛生手巾) [명사]

녀성들이 위생을 지켜야 할 환경에서 일할 때에 머리에 쓰는 수건.

위생일 (衛生日) [명사]

위생사업을 특별히 조직하는 날.

위생자기(衛生瓷器) [명사]

세수간, 목욕탕, 변소 같은데에 쓰이는 사기기구.

위생종이(衛生--) [명사]

위생에 관계되는 일에 쓰도록 만든 종이. 물에 잘 풀린다. 종이수건, 종이손수건, 변소종이, 화장종이, 종이솜 등이 있다.

위생체조(衛生體操) [명사]

몸을 단련하기 위하여 하는 도수체조의 하나. 보통 한번에 3~5분으로부터 10~15분간 하는것을 기본으로 하며 서거나 앉거나 누워서도 하고 혼자 또는 둘이서도 한다.

위생함 (衛生函) [명사]

의약품이나 위생용물품을 넣은 함.

위생향수(衛生香水) [명사]

위생을 위하여 만든 향수.

유순하다 (柔順--) [형용사]

표대 ① 성질이나 태도, 표정 따위가 부드럽고 순하다.
…

조대 ① (성질이나 표정이) 부드럽고 순하다.
❷ (글, 선률 같은것이) 까다롭거나 막히지 않고 거침없다.
③ (짐승이) 갈개지 않고 순하다.
④ (물체의 모양새가) 험상하지 않고 미끈하다.

"성질이나 태도, 표정 등이 부드럽고 순하다"라는 뜻으로 남북에서 모두 쓰인다. 북에서는 "글이나 선율 등이 까다롭거나 막히지 않고 거침없다"라는 뜻으로도 쓰인다.
한편 "물체의 모양새가 험하지 않고 미끈하다"라는 뜻은 북의 사전에만 실려 있지만 남에서도 쓰이는 용법이다. 남의 말뭉치에서 "공룡의 앞발을 치켜 올린 듯이 가파르고 사나운 봉우리들은 멀어서 아득하였고, **유순하고** 올망졸망한 봉우리들과 헐거운 산허리들은 인간 쪽으로 가까웠다."《김훈 : 풍경과 상처》와 같은 용례가 검색된다.

예문

북 · 가요《탄부의 영예 빛내여가리》는 통속적이면서도 인민들이 쉽게 리해하고* 즐겨 받아들일수 있는 평이하고 **유순한** 선률** 구조로 훌륭히 형상되여있다. 〈현수웅 : 가요《탄부의 영예 빛내여가리》에 대하여〉

· 감상문에서 입말의 효과를 높이려면 또한 감성적이며 **유순하고** 쉬운 표현을 적극 써서 입말체 문장을 잘 짜도록 하여야 한다. 〈김동순: 인민학교학생들의 감상문쓰기와 지도와 입말〉

· 아동문학의 언어표현은 감성적이면서도 **유순하고** 평이하여야 한다. 〈김정연 : 아동시창작에서 언어형상에 대하여〉

---

* 남측에서는 '이해하다', 북측에서는 '리해하다'라고 한다.
** 남측에서는 '선율', 북측에서는 '선률'이라고 한다.

유희장 (遊戲場) [명사]

표대 즐겁게 놀며 장난할 수 있는 설비를 갖추어 놓은 곳.

조대 ① 여러가지 유희시설이 집중되여 설치된 휴식장. 큰 공원이나 소공원, 아동공원들에 배치된다.

② = 유흥장.

* 유흥장 : 낡은 사회에서, 유흥을 즐기는 곳.

"즐겁게 놀 수 있는 설비를 갖춘 곳"이라는 뜻은 남북 사전에 모두 실려 있지만, 실제 그 의미로는 '만경대유희장', '문수유희장' 처럼 북에서만 쓰인다. 이런 용법에 대응하는 남녘말로는 '놀이공원', '놀이동산' 등이 있다. 북에서는 '유흥장' 이라는 의미로도 쓰이는데, 이때는 퇴폐 공간이라는 부정적 의미가 강하다.

예문

북 · 동물원을 다 돌아본 아이들은 **유희장**으로 나섰습니다.《홍광일 : 웅일이의 기쁨》

· 온 **유희장**이 아이들의 웃음으로 꽉 찬다.〈김봉철 : 가을향기〉

참고

남 · 꽃을 주제로 한 테마파크, 동화를 주제로 한 테마파크, 색깔을 주제로 한 테마파크, 동물을 주제로 한 테마파크까지, 온 도시가 **놀이공원**이었다.《정한아 : 달의 바다》

ㅇ

▍북의 '만경대유희장'

융화 (融和) [명사]

표대 서로 어울려 갈등이 없이 화목하게 됨.

조대 ❶ 옳지 못한 사실에 대하여 무원칙하게 타협하는것 또는 그런 일.
② 갈등이나 충돌이 없이 화합하는것 또는 그런 일.

'융화'가 남에서는 긍정적인 의미를 지니나 북에서는 긍정적인 의미와 부정적인 의미를 모두 지닌다. 그런데 북의 말뭉치를 보면 북에서는 '융화'가 주로 부정적인 의미로 쓰임을 알 수 있다. 제보에서도 북에서 '융화'는 부정적인 맥락에서 많이 사용됨을 확인하였다.

예문

남 · 남 주임의 소신이야 저희들이 더 잘 알고 있지 않습니까 … **융화**, 협동, 희망을 외쳐 오신 정신을 다 알고 있습니다.《백용운 : 고려장》

· 우리는 동서양 요리가 **융화**를 이룬 국적 불명의 식탁에서 열심히 지껄이고 웃고 먹었다.《한수산 : 사월의 끝》

북 · 이제는 … 지배인동무의 통사정과 **융화**를 하지 않을겁니다.《변희근 : 뜨거운 심장》

· 중대장은 명령에 대한 사소한 위반에 대해서도 **융화**가 없었고 명령한계에서 리탈* 되는 어떤 행동에 대해서도 용납하지 않았다. 〈김정민 : 전사는 살아있다〉

ㅇ

참고

《조대》 융화묵과(融和默過) [명사]
옳지 못한 사실에 대하여 무원칙하게 타협하며 그대로 넘겨버리는것.

* 남측에서는 '이탈', 북측에서는 '리탈'이라고 한다.

이발소* (理髮所) [명사]

표대 일정한 시설을 갖추고 주로 남자의 머리털을 깎아 다듬어 주는 곳.

조대 = 리발관.

* 리발관 : 일정한 설비를 갖추고 리발을 전문으로 하여주는 편의봉사기관.

"남자의 머리털을 깎고 다듬어 주는 곳"을 가리키는 말로 남북에서 '이발소', '이발관'이 모두 쓰인다. 남에서는 '이발소'를 주로 쓰는데, 북은 입말에서는 '리발소'를 쓰고 간판에는 대개 '리발관'이라고 쓴다.

최근 들어 남에서는 '이발소'가 많이 줄어들었다. 예전에 남자는 '이발소'에, 여자는 '미용실'에 갔는데 최근에는 젊은 층을 중심으로 남녀 모두 '미용실'에서 머리를 다듬기 때문이다. 한편 북에서는 "여자들이 머리를 하러 가는 곳"을 가리켜 '미용원'이라고 한다.

예문

남 · 나는 옥란에게 그녀들이 떠나는 것을 보아서 나에게 알려 주도록 부탁해 두고 오래간만에 **이발소**로 가서 귀밑까지 덮은 머리를 쳐냈다. 《김동리 : 까치소리》

· 셋은 공원 남문 밖의 한 **이발소**에서 머리를 깎고 수염을 손질했다. 《이문열 : 불멸》

북 · 이사온 때부터 다니는 **리발소**는 그를 단골손님이라 해서 주인이 직접 깎아준다. 《박순영 : 아빠》

· **리발소**와 **미용원**과 같은 공중장소에서의 말과 행동은 그 사람의 풍격을 높여주는 중요한 기준으로 된다. 〈리발소와 미용원에서 인사례절**〉

· 정시명은 … 남자들이 자유롭게 드나들수 있는 **리발관**이나 녀자들이 무시로 찾아드는 **미용원** 그리고 책방이나 식당 같은것을 여러개 내와야 하겠다고 생각했다. 《허문길 : 력사의 대결》***

* 북에서는 '리발소'라고 한다.
** 남측에서는 '예절', 북측에서는 '례절'이라고 한다.
*** 남측에서는 '여자', '역사', 북측에서는 '녀자', '력사'라고 한다.

구름형
채양형
흐름형
파도형
부름형
누운패기형
물결형
넓은잎형
축포형
부채형
기러기형
해살형
선패기형
날개형

녀성들의 머리형태
몇가지
새색시 꽃장식머리
파아란 짧은조발머리
단발형조발머리
리봉장식묶음머리
건발한 조발머리
부인 짧은파마머리
세프로 완성한 긴머리
중년부인 중단발머리
로인 짧은세트머리

북의 남녀 머리 모양

ㅇ

자갈 [명사]

표대 ① 강이나 바다의 바닥에서 오랫동안 갈리고 물에 씻겨 반질반질하게 된 잔돌.

② 자질구레하고 아무렇게나 생긴 돌멩이.

…

조대 ① 강이나 바다에서 오래동안 물에 씻기고 갈리여 동글동글하고 반들반들하게 된 작은 돌 또는 그것과 비슷한 잘다란 돌.

② 《자갈돌》의 준말.

❸ 《손바닥에 박인 못》을 달리 이르는 말.

"자잘한 돌멩이", 특히 "강이나 바다의 바닥에서 오랫동안 물에 닳고 갈리어 반들반들해진 작은 돌"이라는 뜻으로 남북에서 모두 쓰인다. 북에서는 "손바닥에 박인 못"을 가리키는 말로도 쓰인다. 한편 북의 사전에는 '자갈다짐', '자갈바위', '자갈추기' 등 남에서 쓰이지 않는 합성어들이 많이 실려 있다.

예문

제보 · 손에 **자갈**이 박이다.

· "**자갈**을 뽑아줄까?" 할머니가 근심스러운 눈매로 손자를 쳐다보았다.

참고

《조대》 **자갈다짐 [명사]**

어떤 바닥에 자갈을 깔고 다지는것.

자갈바위 [명사]

지표면에 쌓인 자갈이 찰흙이나 막돌 등과 함께 굳어져서 이루어진 바위돌.

자갈추기 [명사]

자갈땅이나 모래자갈 같은데서 자갈을 추어 가려내는 일.

북 · 사내대장부들도 힘들어하는 침목나르기와 교체, **자갈다짐**과 곡괭이질을 하면서 여러 해째 일해오는 우리들을 보고 사람들은 이악한 처녀들이라고 말하군 한다. 〈오신춘 : 높이 날자〉

· 그는 멀지 않은 큰 공사판을 찾아갔다가 **자갈추기**현장에 일자리를 얻었다. 《현희균 : 그들의 운명》

잘되다 [동사]

표대 ① 일, 현상, 물건 따위가 썩 좋게 이루어지다.
② 사람이 훌륭하게 되다.
③ 일정한 수준이나 정도에 이르다.
❹ (반어적으로) 결과가 좋지 아니하게 되다.

조대 ① (무엇이) 잘 이루어지거나 또는 좋은 열매를 맺다.
② 훌륭하게 발전하거나 출세하다.
③ (일정한 수준에) 충분히 이르다 또는 실히 그 정도에 이르다.
…

"일, 현상, 물건 등이 좋게 이루어지다"나 "일정한 수준이나 정도에 이르다" 등의 뜻으로 남북에서 모두 쓰인다. 남에서는 때로 반어적으로 쓰여 결과가 좋지 않게 된 것을 비아냥거리는 뜻을 나타내기도 한다.

예문

남 · 게임 몇 판 이겼다고 유세 떨더니 **잘됐다**, 저놈.《정혜원 : 누가 진짜인가》
· 뭐가 궁금해. 홍 난리가 나서? **잘됐잖아**.《박완서 : 목마른 계절》

북 · 아무런 안전대책도 없이 탄부들을 휘동하여 그런 모험을 하는것은 **잘된** 일이 아닙니다.《김광남 : 담력》
· 효은이가 죽은 양의 원쑤를 갚기 위해 군대에 입대하겠다는건 **잘된** 생각 같지 않아.〈장수근 : 길우에서〉*

ㅈ

* 남측에서는 '원수', '위', 북측에서는 '원쑤', '우'라고 한다.

장악 (掌握) [명사]

표대 ① 손안에 잡아 쥔다는 뜻으로, 무엇을 마음대로 할 수 있게 됨을 이르는 말.

…

조대 ① 손아귀에 넣고 잡아쥐였다는 뜻으로《무엇을 자기 뜻대로 움직이거나 다룰수 있게 틀어쥐거나 틀어잡는것》을 비겨 이르는 말.

❷ 어떤 실태나 형편 등을 조사하여 아는것.

"무엇을 마음대로 할 수 있게 휘어잡음"의 뜻으로 남북에서 모두 쓰인다. 북에서는 "어떤 실태나 형편 등을 조사하여 아는 것"이라는 뜻으로도 쓰인다. 남에서는 이에 대응하는 말로 '파악(把握)' 정도가 쓰인다.

예문

북
- 성도는 될수록 밖의 출입을 많이 하면서 차고에 세워놓은 승용차들의 움직임을 빠짐없이 **장악하였다**.《량호신 : 위훈》
- 자급비료생산과 반출에 대한 구체적이고 정확한 **장악**이 없이 적당히 불쿠어서 보고를 하고있었다.《김삼복 : 대지의 딸》
- 포로를 통하여 통행암호와 필요한 정찰자료들을 **장악한** 정찰조는 즉각 자리를 떴다.《김익수 : 전우들에 대한 추억》

제보
- 학습장은 학급 인원들을 **장악하고** 곧 선생님에게 보고하였다.

참고

남
- 그럼, 프린트까지 해 놓고 자세히 읽은걸, 사태 **파악**은 정확하게 해야 하니까.《박완서 : 아주 오래된 농담》

-적 (的) [접사]

표대 (일부 명사 또는 명사구 뒤에 붙어) '그 성격을 띠는', '그에 관계된', '그 상태로 된'의 뜻을 더하는 접미사.

조대 (주로 한자말 명사뿌리에 붙어서)

① 해당 말뿌리가 나타내는 대상으로 되거나 해당 내용을 가지는(것).
② 해당 말뿌리가 나타내는 대상이나 내용에 속하거나 관계되는(것).
③ 해당 말뿌리가 나타내는 속성을 가지거나 해당 속성을 가진 대상다운(것).
④ 해당 말뿌리가 나타내는 내용이나 작용이 일어나거나 실현되는(것).
⑤ 해당 말뿌리가 나타내는 수법이나 방법, 형식 등으로 하는(것).
⑥ 해당 말뿌리가 나타내는 그런 자격이나 인격자로서 하는(것).
⑦ 해당 말뿌리가 나타내는 대상이나 내용을 가질만 한(것).
⑧ 해당 말뿌리가 나타내는 내용에 직접 비길만 한(것).
…

접미사 '-적'은 명사 뒤에 붙어 "그 성격을 띠는", "그에 관계된", "그 상태로 된" 등의 의미를 더한다. '-적'을 행정 구역명인 '도(道), 시(市), 군(郡), 리(里)' 등의 뒤에 붙여 파생어를 만들어 내는 조어법이 남에서는 생산적이지 않은 데 비하여 북에서는 생산적이어서, 남에서 '군 체육대회'라고 할 것을 북에서는 '군적 체육대회'라고 한다.

예문

북 · 그의 아버지는 **군적**으로 손꼽히는 모범농민이였다.《변제전 : 얄전이》
· 그는 **시적**으로 소문난 시계수리공이며 시민들의 생활에서 없어서는 안될 귀중한 사람으로 누구나의 사랑과 존경을 받고있다.〈이런 사람들이 있기에〉
· 어제는 도와 군에서까지 사람들이 내려와 보고회를 가졌고 오늘은 **리적**인 체육대회를 한다는것이다.〈김명철 : 명절날의 생각〉

제보 · 오늘은 **시적**으로 모이는 날인가?

참고

《조대》 군적(郡的) [명사]

군전체의 테두리에 걸치거나 군에 관련되는(것).

시적(市的) [명사]

① 시의(것) 또는 시에서 실시하는(것).

② 시의 범위의(것).

리적(里的) [명사]

① 규모나 범위가 리전체에 걸치는(것).

② 리에 관계되거나 리에 속하는(것).

전철 (電鐵) [명사]

표대 ❶ 전기 철도 위를 달리는 전동차.

② = 전기 철도.

* 전기 철도: 전기를 동력으로 하여 차량이 궤도 위를 달리도록 만든 철도.

조대 《전기철도》의 준말.

'전기 철도'라는 의미로 남북에서 모두 쓰이는데, 그 위를 달리는 전동차라는 의미는 남에서만 쓰인다. 북에서는 해당 의미로 '전차(電車)', '전동차'를 쓴다. 북에서 '전차'는 '궤도전차'나 '무궤도전차'를 가리키는 말이며, '전동차'는 '지하철'을 가리키는 말이다.

한편 남에서는 "땅속에 터널을 파고 부설한 전철"을 '지하철'이라고 한다. 실제로는 일부 구간에서 지상으로 다니기도 하는데, 다니는 구간의 상태와 관련 없이 '전철', '지하철'을 혼용한다. 남에서는 '전차'라는 말을 잘 쓰지 않는다.

예문

남 · **전철** 2호선을 타고 서울을 일주하면서, 저녁은 라면이나 호프 한두 잔으로 때우면서 우리는 계속해서 만났다. 《최인석 : 포로와 꽃게》

· **전철역** 옆이라 하루 종일 **전철** 지나다니는 소리에 귀가 다 멍했다. 《김중미 : 괭이부리말 아이들》

· 나는 **지하철**을 타기 위하여 땅 속으로 뚫린 계단을 내려가면서 파티에 갈까 말까 또 다시 혼란을 느끼고 있었다. 《김지원 : 베갯머리꿈》

북 · 우리들은 지하철도 봉화역에서 **전동차**를 타고 승리역, 통일역, 개선역을 지나 전우역에서 **전동차**를 갈아탔다. 《박종상 : 소생》

· 철산이쪽으로 **전차**가 굴러오더니 낯익은 운전공처녀 순실이가 방긋 웃으며 **전차**에서 가볍게 뛰여내렸다*. 《김정남 : 사랑을 안고》

· 허리에 빨간테를 산뜻이 두른 **전차**가 해빛에 유리창을 빛내이며 달려와 사르르 멎어섰다.** 《마현숙 : 생활의 벗들》

* 남측에서는 '뛰어내리다', 북측에서는 '뛰여내리다'라고 한다.

** 남측에서는 '햇빛', '빛내다', 북측에서는 '해빛', '빛내이다'라고 한다.

ㅈ

북의 전동차

북의 전동차 내부

북의 지하역 내부

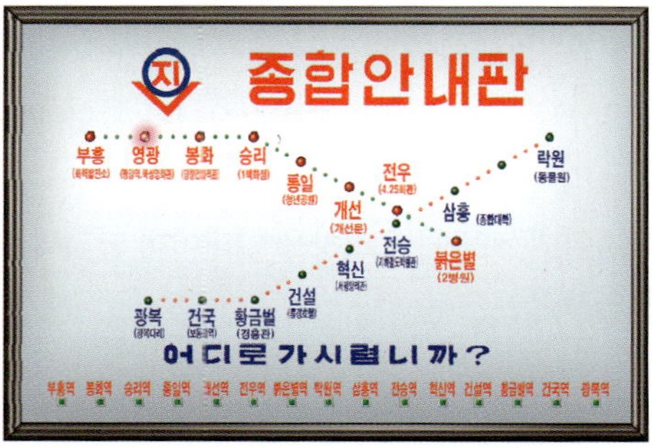

북의 전동차 노선

종주국 (宗主國) [명사]

표대 ①『정치』 자기 나라에 종속된 다른 나라의 대외 관계에 대한 일부를 처리하는 나라.
❷ 문화적 현상과 같은 어떤 대상이 처음 시작한 나라.

조대 종주의 지위에 있는 나라 곧 식민지나 예속국에 상대하여 그 나라를 예속시킨 나라를 이르는 말.

"식민지나 종속국에 상대하여, 그 나라의 내정과 외교에 간섭하는 나라"라는 뜻으로 남북에서 모두 쓰인다. 한편 남에서는 '태권도 종주국'과 같이 주도권을 잡고 "문화적 현상과 같은 어떤 대상을 처음 시작한 나라"라는 뜻으로도 쓰인다.

예문

남 · 우리가 발효 식품의 **종주국**이라 불릴 수 있을 만큼 식품 저장이 발달된 것도 옹기라는 우수한 저장 기구가 있었기에 가능함을 알 수 있다.《이훈석 외 : 옹기》

북 · 식민지와 **종주국**.《조대》

ㅈ

줄넘기 [명사]

표대 ① 두 사람이 기다란 줄의 양쪽 끝을 한쪽씩 잡고 커다란 원을 그리면서 돌리고 나머지 사람들은 그 속으로 차례대로 들어가서 뛰어넘는 놀이.

❷ 『운동』 양손으로 줄의 끝을 잡고 발 아래에서 머리 위로 돌리면서 그 줄을 뛰어넘는 운동. 또는 그렇게 하는 줄.

조대 ① 한발나마 되는 줄의 두끝을 두손에 갈라쥐고 앞뒤로 돌리며 한발 또는 두발로 뛰여넘는 운동 또는 그런 유희종목의 한가지. 형태가 여러가지이다.

② 긴 줄을 가지고 여러 어린이들이 하는 운동놀이의 한가지. 둘은 량쪽에서 줄을 잡고 두르고 나머지는 그 줄을 뛰여넘는다.

❸ 고무줄을 가지고 하는 세 어린이들의 운동놀이의 하나. 량쪽에서 고무줄을 잡고 그 줄을 뛰여넘게 하는데 고무줄을 발목에서부터 머리끝까지 몇단계로 올리면서 한다.

"양손으로 줄의 두 끝을 잡고 발 아래에서 머리 위로 돌리면서 그 줄을 뛰어넘는 운동"이라는 뜻으로 남북에서 모두 쓰이며, 북에서는 '줄뛰기'라고도 한다.

한편 남에서는 이때 사용하는 '줄'을 가리키는 말로도 '줄넘기'를 쓰나, 북에서는 '뜀줄'을 쓴다. 북에서는 반대로 '뜀줄' 자체가 '뜀줄을 하다'의 형태로 쓰여 '줄넘기'의 뜻으로 사용될 수 있다. '뜀줄운동' 같은 합성어도 '줄넘기'를 의미한다.

북에서는 "고무줄을 가지고 하는 세 어린이들의 운동놀이"도 '줄넘기'라고 하는데, 남에서는 이를 '고무줄놀이'라고 한다. '고무줄놀이'는 북에서도 쓰는 말이다.

예문

남 · 나는 줄넘기를 구석에 확 던져 버렸다.《김려령 : 완득이》

· 신발장 수납장에서 아이들이 쓰던 줄넘기를 호주머니에 챙겨 넣었다.《조영아 : 푸른 이구아나를 찾습니다》

· 여자는 … 옆에서 희죽희죽 웃고 있는 녀석의 손에서 줄넘기를 뺏어 들었다.《류성희 : 장미가 떨어지는 속도》

북 · 아이들이 가슴을 할딱거리며 줄넘기를 하노라 여념이 없다.《박종상 : 봄비》

참고

[북] · 나는 동생과 함께 제각기 **뛰줄**과 공을 가지고 학교운동장으로 나갔습니다. 《길성근 : 축구소녀》

· **뛰줄**? 그럼 너두 매일 그걸 하니? 《장성철 : 우리의 어린 시절에》

· 마을의 소녀들이 **뛰줄놀이**를 하고있었다. 〈남경환 : 그해 10월과 11월〉

· 갓 세운 그 솔대문옆 공지에서 여라문살씩 나보이는 계집애들이 **줄뛰기**를 하면서 짝짜그르 고아대고[*]있었다.[**] 〈허여극 : 보슬비〉

---

[*] 고아대다 : (큰소리로) 요란스레 마구 떠들다. 《조대》

[**] 남측에서는 '솔문', '여남은', 북측에서는 '솔대문', '여라문'이라고 한다.

증정 (贈呈) [명사]

표대 어떤 물건 따위를 성의 표시나 축하 인사로 줌.

조대 (어떤 물건 등을) 성의나 사례, 축하나 기념 등의 표시로 드리는 일.

'증정'은 "물건 등을 성의 표시나 축하 인사로 주는 일"이라는 뜻으로 남북에서 모두 쓰인다. 남에서는 그 의미가 확대되어 "판촉 방법의 하나로 어떤 상품을 살 때 같은 상품이나 다른 상품을 공짜로 얹어 주는 것"이라는 의미로도 쓰인다. 공짜로 주는 상품에 '증정용'이라는 딱지를 붙여 놓기도 한다.

예문

남
- W백화점 고객사은대잔치. 15만 원마다 상품권 **증정**. 《정이현 : 달콤한 나의 도시》
- 출판사로부터 작가 **증정용** 도서 열 권을 얻어 와서 여기 저기 인사치레를 해야 할 사람들에게 부쳤는데, 마지막 남은 책까지 어느 평론가에게 보내고 정작 작가인 자신에게는 한 권도 없는 것이었다. 《조성기 : 우리 시대의 소설가》
- 1.8킬로그램짜리 가루 세제와 **증정용** 팩까지 포함해 2.3킬로그램이 되는 세제의 가격을 비교하고 둘 중에 하나를 선택하는 시간…. 《최윤 : 오릭맨스티》

북
- 편지 **증정**. 《조대》
- 저건 우리에게 **증정된** 꽃바구니와 같은거야! 《조나미 : 우리 말의 시간》
- 피가쏘는 이 비둘기그림을 빠리세계평화대회에 **증정하였다**.* 〈평화의 상징 비둘기〉
- 70만 재일동포들의 지성어린 편지가 주석단에 **증정되였다**. 《조대》

* 남측에서는 '피카소', '파리', 북측에서는 '피가쏘', '빠리'라고 한다.

지방색 (地方色) [명사]

표대 ① 어떤 지방의 자연이나 풍속, 인정 따위가 갖는 고유한 특색.

❷ 같은 지방 출신의 사람들끼리 동아리를 지어 다른 지방 사람들을 배척하거나 비난하는 파벌적인 색채.

조대 어떤 지방에 고유한 자연풍경, 세태, 생활풍습과 생활양식, 인정 같은것에서 나타나는 특색.

"어떤 지방의 자연이나 풍속, 인정 등이 갖는 고유한 특색"을 가리키는 말로 남북에서 모두 쓰인다. 남에서는 "다른 지방 사람들을 배척하는 파벌적 특성"이라는 부정적인 의미로도 쓰인다.

예문

남 · 여기서 찜찜한 것이 **지방색**에 따라 투표를 하는 경우이다. 다른 어떤 것보다도 단지 우리 고장 사람이라는 이유로 좋아하고 마음에 들어 하지는 않았는가! 《이화진 외 : 여보, 우리 이렇게 해요》

· **지방색**이 나라 망치는 병이라는 것도 모르는 사람이 없다. 《조정래 : 누구나 홀로 선 나무》

북 · 새각시들의 조심스러운 웃음소리와 **지방색**이 짙은 서로 다른 사투리들…. 〈원종주 : 나리꽃〉

· 처녀는 무슨 노래인지 **지방색**이 짙은 경쾌하고 명랑한 노래를 불렀다. 《최상순 : 선아》

ㅈ

집행 (執行) [명사]

표대 ① 실제로 시행함.

② 『법률』 법률, 명령, 재판, 처분 따위의 내용을 실행하는 일.

③ 『법률』 = 강제 집행.

* 강제 집행 : 사법상 또는 행정법상의 의무를 이행하지 아니하는 사람에 대하여 국가가 강제 권력으로 그 의무의 이행을 실현하는 작용이나 절차.

…

조대 ① 실제적으로 실행하는것.

② (법과 규범, 재판검찰기관의 결정과 지시 같은것을) 현실적으로 되게 시행하는것.

❸ 회의 같은것이 제대로 운영되여나가도록 이끌어나가는것.

④ 《강제집행》의 준말.

"실제로 시행함"이나 "강제 집행" 등의 뜻으로 남북에서 모두 쓰인다. 북에서는 "회의 등이 제대로 운영되도록 이끌어 나가는 것"이라는 뜻으로도 쓰이는데, 남에서는 이에 대응하는 말로 '사회', '진행'이 주로 쓰인다. 토론회나 회의를 이끌어 나가는 사람을 가리킬 때에도 남에서는 '사회자'나 '진행자'가, 북에서는 '집행자'가 쓰인다.

예문

북 · 군무자총회 **집행**. … 준혁리관개공사 5일안으로 끝낼것을 결의. 《정기종 : 열병광장》

· 토론회 **집행**을 잘하다. 《조대》

참고

남 · 현재 대선 후보 토론 생방송 규정은 대담 토론회의 경우 **사회자**가 질문한 뒤 후보자가 답변하는 형식과 **사회자**를 통해 후보자 사이의 상호 질문과 답변하는 형식 등으로 **진행**하도록 돼 있다. 《김관상 : TV 저널리즘과 대통령 선거》

북 · **집행자**가 흥분하여 격해지면 회의의 분위기가 지나치게 긴장해지고 … 결함을 범한 사람들이 자기 결함을 량심적*으로 뉘우치고 고칠 생각보다 추궁받을 생각을 먼저 하고 입을 감쳐물게 된다. 《김응일 : 비약의 열풍》

---

* 남측에서는 '양심적', 북측에서는 '량심적'이라고 한다.

찧다 [동사]

표대 [1]【…을】

① 곡식 따위를 쓿거나 빻으려고 절구에 담고 공이로 내리치다.

② 무거운 물건을 들어서 아래 있는 물체를 내리치다.

[2]【…에 …을】마주 부딪다.

조대 ① (무엇을 어디에) 부딪치게 하다.

② (어떤 물건을 부스러뜨리거나 가루로 만들기 위하여) 절구통이나 확에 넣고 공이로 내리치다.

③ 겉곡을 일정한 기구를 리용하여 쌀로 만들다.

④ 어떤 무거운 물체로 아래에 있는 물건을 내려치다.

⑤ (축배 같은것을 들때에) 잔과 잔을 서로 마주 가져다 가볍게 부딪치다.

"어떤 것을 다른 것으로 내리치거나 마주 부딪다"라는 의미로 남북에서 모두 쓰인다. 북에서는 마주 부딪는 대상이 확대되어, "축배를 들 때에 잔을 부딪치다"라는 의미로도 쓰인다. '잔을 찧다'라는 표현은 남에서는 찾기 어렵다.

예문

북 · 인사말에 이어 **축배잔들을 찧었다**. 〈김준학 : 매혹〉

· 한해를 소리높이 전송하며 **축배잔을 찧는** 쟁그렁 소리들이 들리는듯 하다. 《김유권 : 섣달 그믐날밤》

ㅈ

차표 (車票) [명사]

표대 차 따위를 타기 위하여 돈을 주고 사는 표.

조대 차를 탈수 있다는것을 증명하는 표.

남북 모두에서 '차표를 구매하다'라는 의미로 '차표를 끊다'라는 표현을 쓴다. 북에서는 '차표를 떼다'라고도 한다. 북에서는 '차표'를 일종의 증명서로 인식하기 때문에 "증명서와 같은 문서를 만들어 주거나 받다"라는 뜻의 '떼다'와 어울려 쓰는 것으로 보인다. 이런 용법은 남에서는 찾기 어렵다.

예문

남 · 그는 … **차표** 한 장을 뽑아 들고 … 개찰구로 걸어갔다. 《안정효 : 실종》

· **차표는 끊어놨어**, 특급으로. 《박완서 : 도시의 흉년》

북 · 사람들이 **차표를 떼기** 위해 모여들었다. 〈윤명희 : 전우〉

· **차표 뗄** 때까지는 아직 시간이 있었다. 《김진경 : 산삼꽃》

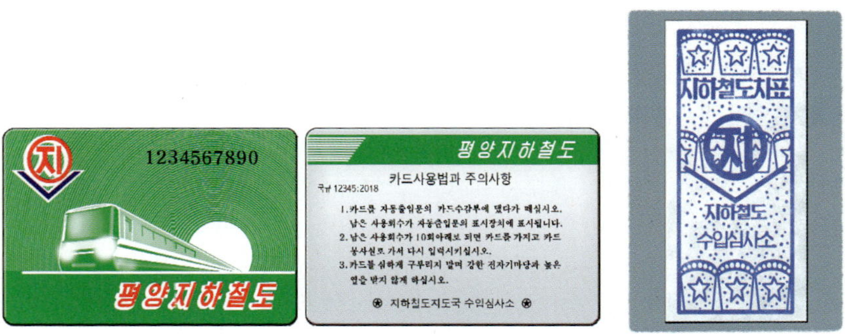

▎북의 '지하철도차표'와 '지하철도 카드'

철거 (撤去) [명사]

표대 건물, 시설 따위를 무너뜨려 없애거나 걷어치움.

조대 ❶ (자리잡고있던 곳에서) 거두어가지고 돌아가는것.
② (집, 시설 같은것을) 거두어치우는것.

"건물이나 시설 등을 무너뜨려 없애거나 걷어치움"의 뜻으로 남북에서 모두 쓰인다. 북에서는 "자리 잡고 있던 곳에서 물건이나 장비 같은 것을 거두어서 돌아가는 것"이라는 뜻으로도 쓰인다. 남에서는 이에 대응하는 말로 '철수(撤收)'를 쓴다.

예문

남 · 삼십 일까지 **철거**를 하게 돼 있었죠? 시한이 지났어요. 행정대집행법에 따라 **철거** 작업을 했습니다.《조세희 : 난장이가 쏘아올린 작은 공》

· 훈이네가 사는 송정동은 지난 가을부터 철거반과 주민들이 **철거**, 복구, **철거**, 복구를 반복하며 줄기차게 실랑이를 하고 있는 동네였다.《조정래 : 한강》

· 복제 테이프를 팔던 리어카도 **철수**했다.《한강 : 어느 날 그는》

북 · 그들은 … 침략자들의 **철거**를 요구하는 격문을 써붙이였다. 〈김경수 : 갑오년의 불길〉

제보 · 속도전 청년돌격대원들은 오늘 늦은 밤까지 맡겨진 임무를 완수하고 **철거**하였다.

청결 (淸潔) [명사]

표대 [1] 맑고 깨끗함.

…

조대 = 청소.

* 청소 : 더럽거나 어지러운것들을 쓸고 닦아서 없애거나 깨끗하게 하는것.

'청결'이 오늘날 남에서는 "맑고 깨끗한 상태"를 나타내는 말로 쓰인다. 반면 북에서는 '청소(淸掃)'와 동의어이어서 '청소를 하다'와 같은 표현으로 '청결을 하다'가 쓰인다.

'청결하다'가 남에서는 형용사로만 쓰이는 반면, 북에서는 '깨끗하다'라는 의미의 형용사와 '깨끗하게 하다'라는 의미의 동사로 두루 쓰인다. '청결'의 의미는 합성어에도 이어져, "쓰레기를 모아다 버리는 차"를 북에서는 '청결차'라고 한다. 이에 대응하는 남녘말로는 '쓰레기차', '청소차'가 있는데, 이는 북에서도 쓰이는 말이다.

예문

남 · 그는 손톱이 분홍빛으로 투명하고 귓바퀴가 **청결하게** 맑은, 드물게 말쑥하고 단정한 남자였다. 《박자경 : 한 남자》

· 변소 안은 물론 **청결**과 거리가 멀었다. 《성석제 : 천애윤락》

북 · 전번에 주재소장이 이 마을에 나와 강연을 할 때 **청결**을 잘하지 않는 문제때문에 주의를 주었는데 오늘 돌아보니 조금도 달라진게 없다. 《문상봉 : 딸에게서 온 편지》

· 정희는 언제나 남먼저 출근하여 직장안팎의 **청결**을 도맡아하군 하였다. 《조대》

체결 (締結) [명사]

표대 ① 얽어서 맺음.

② 계약이나 조약 따위를 공식적으로 맺음.

조대 ① (계약, 조약, 경쟁 같은것을) 서로 맺는것.

❷ 서로 짜고 결탁하는것.

"계약이나 조약 등을 맺음"의 뜻으로 남북에서 모두 쓰인다. 다만 남에서는 '체결'을 '경쟁'과 함께 쓰지 않는다. 북의 '경쟁을 체결하다'라는 표현은 남의 '경쟁 관계를 짓다', '경쟁 관계를 이루다' 정도와 대응한다.
한편 북에서는 "서로 짜고 결탁하는 것"이라는 부정적인 의미로 쓰이기도 한다.

예문

남 · 소지감이 이십 년 가까운 방랑 생활을 시작한 것은 의병에 가담한 형이 포살당하고 을사보호조약 **체결**을 본 부친이 자결하는 격랑을 겪은 뒤부터였다. 《박경리 : 토지》

북 · 공장에서는 춘도가 마침 리상수동무와 함께 공장사무실에서 정직으로 개인 **경쟁을 체결하는** 마티* 였다. 〈류근순 : 성장〉

· 두사람이 **경쟁을 체결했다우**. 《리정숙 : 지평선》

· 련합** 총회에서는 계획이 분담되고 **경쟁이 체결되였다**. 〈김우현 : 조국의 미래를 키우는 마음으로〉

---

* 마티 : 무엇을 하는참. 《조대》

** 남측에서는 '연합', 북측에서는 '련합'이라고 한다.

체인 ([영]chain) [명사]

표대 ① = 쇠사슬.

* 쇠사슬 : 1) 쇠로 만든 고리를 여러 개 죽 이어서 만든 줄.
2) 억압이나 압박을 비유적으로 이르는 말.

② 눈길 따위에서 자동차가 미끄러지는 것을 방지하기 위하여 타이어에 감는 금속 사슬.

❸ 자전거나 오토바이 따위에서 동력을 바퀴에 전달하기 위하여 기어를 연결하는 쇠줄.

❹ 동일 자본하에 있는 점포, 호텔, 영화관 따위의 계열.

…

조대 ⇒ 사슬.

"쇠사슬"이라는 뜻으로 남북에서 모두 쓰인다. "타이어에 감는 금속 사슬"이라는 뜻은 남에만 있으나 북에서도 그 쓰임이 확인된다.

"자전거 등에서 앞뒤 기어를 연결하는 쇠줄"이라는 뜻은 남에만 있는데, 북은 이 뜻으로 '사슬'을 주로 쓴다.

"동일 자본하에 있는 점포"라는 뜻도 남에서만 쓰는데, 남에는 동일한 상표의 상품을 취급하는 소매점을 각지에 두고 중앙의 통제에 따라 경영하는 형태의 점포 조직이 흔하다. 이러한 가게를 '체인' 또는 '체인점'이라고 한다. 북에도 이러한 개념의 상점이 있는데, '체인', '체인점'을 쓰지 않고 '련쇄점'이라고 한다. 북에서는 편의점 '황금벌 상점'이 2014년에 개업하여 화제를 모았다. 100호점까지 꾸리는 것을 목표로 국영 기업이 운영하고 있다.

예문

남 · 자전거 수리의 반은 **체인** 고장이었다네. 《최일남 : 고도는 못 오신다네》

· 클라이언트는 … 중국인이었다. 북경에서 몇 개의 음식점 **체인**을 일구어 돈푼깨나 만지는 인사라고 했다. 《정이현 : 너는 모른다》

· 그 자리에는 전국에서 **체인점**이 가장 많다는 편의점이 들어섰다. 《윤성희 : 소년은 담 위를 거닐고》

북 · 바퀴에 **사슬**을 씌운 자동차가 나는듯이 달려오며 환히 전조등을 켰다. 《김은옥 : 단발머리》

· 처녀때 이미 자전거를 익힌 련화여서 자전거란 다이야* 가 정상이고 **사슬**만 끊어지지 않으면 얼마든지 할수 있다는것쯤은 알고도 남았다. 〈장기성 : 자전거〉

* 남측에서는 '타이어', 북측에서는 '다이야'라고 한다.

출산휴가 (出産休暇) [명사]

표대 『법률』 근로 여성이 아이를 낳기 위하여 얻는 휴가. 근로 기준법에 정하여져 있다.

"근로 여성이 아이를 낳기 위하여 얻는 휴가"를 남에서는 출산 전과 후의 구분 없이 '출산휴가'라고 하는데, 북에서는 출산 전과 후의 휴가를 구분하여 '산전휴가'와 '산후휴가'라고 한다. 남에서는 출산 전후로 90일(3개월)의 '출산휴가'를 보장하고 있다. 단, 다태아의 경우 출산 전후 120일을 법으로 보장한다. 한편 북에서는 출산 전 60일(2개월)과 출산 후 90일(3개월)로, 총 150일(5개월)을 보장하고 있다.

예문

남 · 조 선생, 아무래도 **출산휴가**를 서둘러 가지는 게 좋겠어요. 《송하춘: 하백의 딸들》

· **출산휴가**에 들어간 담임 선생 대신 소라네 반을 가르치기 위해 임시 교사가 왔다. 《은희경 : 누가 꽃피는 봄날 리기다소나무 숲에 덫을 놓았을까》

북 · 오늘부터 **산전휴가**를 받고 분이와 함께 집에서 지내고있어요. 〈김창옥 : 우리세대의 평범한 나날〉

· 귀옥이 《창숙언니》라고 부르는 안주인은 봄에 첫아이를 낳고 **산후휴가**를 받고있는 모양이였다. 〈김원종 : 청춘의 길〉

제보 · 평양산원에서 3쌍둥이를 낳은 영옥은 당의 배려로 온천으로 **산후휴가**를 떠났다.

컵 ([영]cup) [명사]

표대 ❶ 물이나 음료 따위를 따라 마시려고 만든 그릇.

❷ (수량을 나타내는 말 뒤에 쓰여) 음료 따위를 '컵'에 담아 그 분량을 세는 단위.

③ 운동 경기에서 상으로 주는 큰 잔.

…

조대 ① 경기나 경연같은데서 우승한 단체나 개인에게 상으로 주는 큰 잔 비슷하게 생긴 공예품. 모양과 재질은 여러가지가 있다.

② → 고뿌.

남의 '컵'을 북에서는 '고뿌'와 '컵'으로 구분하여 쓴다. "물이나 음료 등을 따라 마시는 잔"을 가리킬 때는 '고뿌'를 쓰고 "운동 경기 등에서 상으로 주는 큰 잔"을 가리킬 때는 '컵'을 쓰는 것이다. '고뿌'는 네덜란드어 'kop'가 일본어 'コップ'를 거쳐 차용된 말이다.

예문

남 · 그는 부엌에 가서 물을 두 **컵** 가져왔다. 《최인훈 : 화두》

· 사진들은 벽에 걸려 있지 않았지만 장식장 속의 무수한 상패와 **기념 컵**, **우승 컵**과 함께 버젓이 장식돼 있었다. 《박완서 : 오만과 몽상》

북 · 십일년전의 웅변기념으로 받은 이 **컵**, 얼마나 귀중한가? 《리근영 : 말하는 벙어리》

· 정로인* 은 샘물을 다섯 **고뿌**나 마시고 박우물에서 물러 났다. 《김우경 : 소백수골의 박우물》

* 남측에서는 '노인', 북측에서는 '로인'이라고 한다.

북의 '대동강 맥주 축전'에서 쓰인 맥주 교환권

탄산음료 (炭酸飮料) [명사]

표대 이산화 탄소를 물에 녹여 만든, 맛이 산뜻하고 시원한 음료.

조대 탄산이 들어있는 음료. 알콜이 들어있는것, 당분이 들어있는것, 당분과 알콜이 다 들어있지 않는것 등으로 구분한다. 음식물의 소화가 잘되게 하며 시원하면서도 상쾌한 감을 준다.

'탄산음료'는 남북의 사전에 모두 실려 있는 말이다. 남에서는 알코올이 들어 있는 것은 '탄산음료'에 포함시키지 않는 반면, 북에서는 맥주처럼 알코올이 들어 있는 것도 '탄산음료'의 범주에 포함시킨다. 비슷한 뜻을 가진 '청량음료'도 '탄산음료'와 동일한 남북 차이가 있다. 한편 북에서는 탄산과 당분이 모두 들어 있는 음료를 '탄산단물'이라고 이르기도 한다.

예문

남
- 방호식 어린이는 어린 시절부터 급식비마저 아껴 가며 천 원짜리 **탄산음료수**와 봉지 사탕, … 카스텔라 등을 먹으며 살았다. 《김설아 : 청년 방호식의 기름진 반생》
- 중독을 동반하는 모든 기호 식품들, 알코올과 담배와 **탄산음료**와 커피와 녹차 따위가 금지되었다. 《김숨 : 질병 통제》

북
- 음료에는 여러가지가 있는데 오이랭국, 미역랭국, 녹두달인물, 약수, 과일단물, **탄산음료**, 강장음료 등이 있다.* 〈체육음료와 섭취방법〉
- 청량음료는 크게 주정음료와 무주정음료로 나누며 탄산가스함량에 따라 **탄산음료**와 일반음료로 나눈다. 〈백성련 : 청량음료〉
- 김복연동무는 … 유능한 연구사들을 찾아가 걸린 문제와 방도들을 해결하여 끝내 과일**탄산단물**을 생산하도록 하였다. 〈리영길 : 전천땅이 자랑하는 일군**〉

* 남측에서는 '냉국', 북측에서는 '랭국'이라고 한다.
** 남측에서는 '일꾼', 북측에서는 '일군'이라고 한다.

참고

청량음료(清涼飮料) [명사]

《표대》 이산화 탄소가 들어 있어 맛이 산뜻하고 시원한 음료를 통틀어 이르는 말. 사이다, 콜라 따위가 있다.

《조대》 맛이 시원하고 상쾌한 기분이 나게 하는 《사이다, 과일단물, 약수, 탄산수, 신젖단물, 맥주 같은것》을 통털어 이르는 말.

북
- 그런 광경은 우리 식당에 들어와서 평양국수를 잡숫는 할아버지들속에서도, 5층 **청량음료**식당에서 **맥주**를 마시는 청년들속에서도 벌어졌습니다. 〈그 사랑 온 세상에 전하렵니다!〉
- **맥주**는 수천여년전부터 마셔오는 오랜 음료이다. **맥주**는 보리와 호프, 물을 원료로 하여 만드는 **청량음료**이다. **맥주**는 적은 량*의 알콜**과 탄산 및 영양물질을 가지고 있으며 고유한 향기와 거품을 낸다. 〈맥주도 건강과 장수의 담보로 되게〉

ㅌ

* 남측에서는 '양', 북측에서는 '량'이라고 한다.
** 남측에서는 '알코올', 북측에서는 '알콜'이라고 한다.

통속적 (通俗的) [명사]

표대 ① 세상에 널리 통하는. 또는 그런 것.
❷ 비전문적이고 대체로 저속하며 일반 대중에게 쉽게 통할 수 있는. 또는 그런 것.

조대 ① 일반적으로 널리 통하는 세속적인(것).
❷ 일반대중에게 쉽게 리해되고 그들의 구미에 맞는(것).
③ 일반적으로 흔히 있는(것).

"세상에 널리 통하거나 일반적인 것" 또는 "일반 대중에게 쉽게 이해되는 것"이라는 의미로 남북에서 모두 쓰이나 어감에서 차이를 보인다. '통속적'이 남에서는 주로 "비전문적이며 저속함"이라는 다소 부정적인 의미로 쓰이는 데 비하여 북에서는 중립적이거나 긍정적인 의미로 쓰인다. 이는 북의 사전 뜻풀이와 말뭉치를 통해 확인할 수 있다.

예문

남
- 검은 눈, 맹렬히 다가오던 그 눈빛이 아니었다면 그녀의 몸매나 눈동자쯤은 사실 길거리에 있는 속물들의 잡지처럼 **통속적**이었겠지. 《공지영 : 귓가에 남은 음성》
- 그들의 천박하고 **통속적**인 관심으로부터 혜정이와의 관계를 지키고 싶었다. 《박완서 : 미망》
- 내가 갈구했던 사랑은 지독히 **통속적**인 삼류 소설 속의 사랑, 요즘 젊은 애들이 칭하는 '닭살 돋는' 촌스러운 사랑이었나 보다. 《김영두 : 우리는 사랑했을까》

북
- 가사는 음악과 함께 흘러가는 예술이므로 한번 뜻을 놓치면 다시 그 순간이 돌아오지 않기때문에 뜻이 명백하고 간명할수록 좋고 누구에게나 알기 쉽게 **통속적**으로 될수록 더욱 좋다. 〈한보찬 : 가사〉
- 누구나 다 쉽게 리해하며 인차 따라부를수 있는 우리 식의 **통속적**이며 인민적인 노래, 민족적향취와 색갈이 풍부한 부드럽고 서정적인 노래, 유순하고 우아한 조선식노래가 있어야 합니다.* 《최학수 : 눈부시다》
- 방송의 글을 **통속적**으로 알기 쉽게 쓰려면 글의 체계를 잘 세우고 론리**를 순탄하게 펴나가야 한다. 〈변창원 : 방송의 글은 통속적으로 써야 한다〉

---

* 남측에서는 '이해하다', '이내', '색깔', 북측에서는 '리해하다', '인차', '색갈'이라고 한다.
** 남측에서는 '논리', 북측에서는 '론리'라고 한다.

트렁크 ([영]trunk) [명사]

표대 ① 여행할 때 쓰는 큰 가방.

② 자동차 뒤쪽의 짐 놓는 곳.

…

조대 주로 려행할 때 쓰는 큰 가방의 한가지. 네모진 상자모양이다.

"여행용 가방"이라는 뜻으로 남북에서 모두 쓰인다. 남에서는 "자동차 뒤쪽에 짐을 싣기 위하여 마련한 공간"을 가리키는 말로도 쓰인다. 남에서는 승용차의 짐칸은 '트렁크'라고 하고, 화물차의 짐칸은 '화물칸', '짐칸'이라고 한다. 북에서는 승용차에도 '트렁크' 대신 '짐칸'을 주로 쓴다.

예문

남 · 그가 장비들을 모두 차 **트렁크**에 실을 때까지 그녀는 팔짱을 낀 채 현관 앞에서 있었다. 《한강 : 몽고반점》

· 처음 차를 샀을 때는 **트렁크**를 열 때마다 차 밖으로 나가서 열쇠를 사용했다죠. 《은희경 : 생각의 일요일들》

북 · 손짐을 든 사람, **트렁크**를 멘 사람들이 렬차* 쪽으로 몰려갔다. 〈리상민 : 초석〉

· 승용차 **짐칸** 뚜껑이 열리고 **트렁크**가 실렸다. 《김병훈 : 개이지 않는 하늘》

· 짐이라야 책을 넣은 배낭 하나와 옷가지가 든 **트렁크** 두개다. 〈방하일 : 교수의 시간표〉

· **트렁크**속에 어머니를 위한 선물인 털등거리** 가 하나 있고 보꾸레미*** 속에 다수확종의 벼종자가 한되가량 들어있는 외에는 배낭도 **트렁크**도 보꾸레미도 모두 책과 학습장으로 꽉 차있었다. 《리정숙 : 지평선》

* 남측에서는 '열차', 북측에서는 '렬차'라고 한다.

** 털등거리 : 털가죽으로 만든 등거리. 흔히 일할 때 추위를 막으면서도 활동에 편리하도록 하기 위하여 외투대신 입는다. 《조대》

*** 보꾸레미 : 보자기에 물건을 싼 꾸레미. 《조대》

파악 (把握) [명사]

표대 ① 손으로 잡아 쥠.

② 어떤 대상의 내용이나 본질을 확실하게 이해하여 앎.

…

조대 ① 꽉 잡아서 쥔다는 뜻으로 《어떤 내용을 똑똑히 깨달아 자기 지식으로 터득하게 되는 것》을 이르는 말.

❷ 어떤 일이 현실적의의도 있고 수행할수 있는 가능성도 있어 그 일을 할 자신을 가지는것.

❸ 어떤 사람에 대하여 일정한 임무나 책임을 맡길수 있는 준비된 일군이라는 믿음을 가지게 되는것.

"손으로 잡아 쥠"이라는 글자 그대로의 의미에서 파생된 "어떤 대상의 본질을 확실하게 이해하여 앎"이라는 뜻은 남북에서 모두 쓰인다. 북에서는 '파악'이 주로 '있다', '없다'와 함께 쓰여 "어떤 일을 할 자신을 가지는 것", "어떤 사람에 대하여 임무나 책임을 맡길 수 있는 믿음을 가지게 되는 것"이라는 뜻을 나타내기도 한다.

예문

북 · 갓 귀국한 동무인데 깊은 **파악이 없습니다.** 〈김원종 : 명절〉

· 그는 수많은 어렵고 복잡한 대상설계를 책임적으로 훌륭히 수행한 **파악이 있는** 설계기사였다.《조대》

· 사실 그 일에는 아직도 **파악이 없어** 마음이 끌리지 않았던것이다. 〈권강일 : 방울산〉

· 오영숙은 리자청선생이 **파악이 있어** 제일 먼저 선발한 학생이였다.《함용길 : 영생하는 청춘》

· 우리 나라에서 축구는 **파악이 있고** 전망이 있는 체육종목이다. 〈축구발전추세〉

펼치다 [동사]

표대
【…을】
① 펴서 드러내다.
② 접히거나 개킨 것을 널찍하게 펴다.
③ 보고 듣거나 감상할 수 있도록 사람들 앞에 주의를 끌 만한 상태로 나타내다.
④ 생각, 꿈, 계획 따위를 실현하다.
…

조대
① (무엇을) 넓게 펴다.
② (어떤 장면이나 정경을) 한눈에 안겨오게 활짝 드러내다.
③ 어떤 구상이나 계획을 무르익혀 전개하며 눈앞에 그려보다.
❹ 널리 퍼뜨리다.

"어떤 것을 펴서 드러내다" 또는 "넓게 펴다"라는 기본 의미와 이로부터 파생된 의미들도 남북이 대체로 일치한다. 다만 북에서는 "널리 퍼뜨리다"라는 뜻으로도 쓰이는데, 이는 남에는 없는 용법이다. 주로 '소문'과 어울려 '소문을 펼치다'와 같이 쓴다.

예문

북 · 기적적인 사변들로 꿈같은 현실을 **펼치며** 휘황한 래일*을 향해 힘차게 전진하는 위대한 나라. 〈윤문용 : 민심〉

· 수인화가는 감옥안에서 어떤 예술론적인 탐구나 사색을 거듭해옴으로써 그런 시도와 주장을 **펼치게** 된것인가. 〈김철인 : 푸른 전나무〉

· **소문을 펼치다.** 《조대》

* 남측에서는 '내일', 북측에서는 '래일'이라고 한다.

합숙 (合宿) [명사]

표대 ① 여러 사람이 한곳에서 집단적으로 묵음.

…

조대 여러 사람이 한데 들어서 집단적으로 생활하는것 또는 그 집.

"여러 사람이 한곳에서 집단적으로 묵음"이라는 뜻으로 남북에서 모두 쓰인다. 북에서는 '합숙'이 "여러 사람이 집단적으로 묵는 것"뿐 아니라 "그런 집"이라는 뜻으로도 쓰인다. 남에서는 이런 의미로 '합숙소'가 쓰인다.

예문

남 · 우리는 새로운 선배의 방에서 겨울 **합숙**을 했다. 《권여선 : 내 정원의 붉은 열매》

· 응, 거기 근로재건단 **합숙소**. 여럿이 쓰는 방들이니까 바로 교실을 겸용할 수 있대. 《조정래 : 한강》

북 · 그가 **합숙** 창문앞을 지날 때였다. 〈리현덕 : 두 탄부〉

· **합숙** 문고리를 잡으려던 나는 주춤 걸음을 멈추었다. 〈리극 : 뿌리는 토양속에 있다〉

· 희망대로 축구단에 들어간 성기는 순임이 기다리고있는 집으로는 매우 드물게 왔다. 축구단의 규정대로 **합숙소**에 들어갔던것이다. 《박순영 : 전도》

헐하다 (歇--) [형용사]

표대 ① 값이 싸다.
② 일 따위가 힘이 들지 아니하고 수월하다.
③ 대수롭지 아니하거나 만만하다.

조대 ① 힘이 들지 않아 어렵지 않다.
② 어려운것이 없고 대수롭지 않다.
③ (값이) 일정한 기준이나 시세보다 눅다.
④ 책임추궁이나 처벌이 가볍다.
❺ 말로 표현하기 쉽거나 들어서 리해하는데 쉽다.

"값이 싸다"나 "어떤 일이 수월하다" 등의 뜻으로 남북에서 모두 쓰인다. 북에서는 "말로 표현하거나 들어서 이해하는 것이 쉽다"라는 뜻으로도 쓰인다. 북의 '헐한 말'이라는 표현은 '쉬운 말'이라는 뜻으로 이해할 수 있다.

예문

남 · 그녀가 알아듣지 못하는 것 같으면 좀 더 **쉬운** 말을 찾았다. 《서성란 : 파프리카》

북 · 반대말은 개별적단어들의 뜻을 비교적 **헐한** 방법으로 알도록 해주며 한 단어의 뜻을 리해하는 과정에 또 다른 하나의 단어의 뜻을 동시에 리해하게 함으로써 짧은 시간에 보다 많은 단어들의 뜻을 리해하게 해준다.* 〈김경준 : 반대말과 그 쓰임〉

· 천년이고 만년이고 서있을듯 우뚝 솟은 봉우리라 하여 무척봉이라 이름지은 것이 세월이 흐르며 차차 부르기 **헐한 말**로 번져져 무청봉이라 전해온다는 봉우리가 … 화제에 올랐다. 《정해경 : 별 밝은 밤에》

ㅎ

* 남측에서는 '이해하다', 북측에서는 '리해하다'라고 한다.

희한하다 (稀罕--) [형용사]

표대 매우 드물거나 신기하다.

조대 (좋은 일이나 물건 또는 대상 등이) 좀처럼 볼수 없게 드물고 기이하다.

"드물거나 신기하다"라는 뜻으로 남북에서 모두 쓰인다. 다만 '희한하다'가 남에서는 부정적인 맥락에서 쓰이는 경우가 많은 데 비하여, 북에서는 "이 꿈에도 바랄수 없는 **희한한** 경사의 날에 더는 앉아만 있을수 없는듯 자리에서 벌떡 일어났다."〈박찬은 : 산촌의 새 전설〉에서와 같이 주로 긍정적인 맥락에서 사용된다.

예문

남
- 넌 참 **희한한** 놈이다. 싸움을 말리는 나는 그렇게 때리면서 까닭 없이 널 때린 이 사람한텐 왜 가만히 있니?《하병무 : 남자의 향기》
- 별 **희한한** 놈의 꿈들이 나를 들볶았다.《김원우 : 무기질 청년》
- 별 **희한한** 욕을 다 들어 가며 살다 보니 정말 자신이 인간이 아니라 개나 돼지 같은 짐승이 아닌가 하는 생각이 들 정도이다.《양귀자 : 나는 소망한다 내게 금지된 것을》
- 이게 무슨 **희한한** 꼴이란 말인가. 이런 해괴망측한 세상이 이 지구상에 또 어디 있을까.《임철우 : 봄날》

북
- 그는 그 어떤 난관앞에서도 롱담* 과 익살로 사람들을 웃기는 **희한한** 성격으로 온 탄광에 소문난 청년이였습니다.《김청남 : 나의 동시대인들》
- 놈들의 본부에서 노래도 부르고 풍금도 치는 **희한하게** 고운 처녀가 있었는데 그도 우리 사람이였네.《조필수 : 포성이 멎은 뒤》
- 선동이 그 말을 듣자 너무도 기쁘고 **희한하여** 어쩔줄 몰라하였다.《최흥록 : 선동전 권익중전》

---

* 남측에서는 '농담', 북측에서는 '롱담'이라고 한다.

참·고·문·헌

사전

국립국어원, 《표준국어대사전》(웹)

문세영(1938), 《조선어사전》, 조선어사전간행회.

사회과학원 언어학연구소(2006), 《조선말대사전》(증보판), 사회과학출판사.

한글학회(1957), 《큰 사전4》, 을유문화사.

한글학회(1957), 《큰 사전5》, 을유문화사.

기사

동아일보(1953.5.1.)

북측 도서

김금성 외(2014), 《나의 성적증》, 금성청년출판사.

사진

리성일 외(2002), 《공원속의 도시 평양》, 조선·평양·조선화보사.

송명철 외, 《조선관광》, 국가관광총국.

조선녀성(2014), 《조선녀성》, 근로단체출판사.

연합뉴스

/ 남녁말 찾아보기 /

/ 북녘말 찾아보기 /